孩子一定要学的礼仪课

把孩子培养成有教养、受欢迎的人

[意] 妮席娅·拉尼亚多 ◎ 著　　唐冲 ◎ 译

北京理工大学出版社
BEIJING INSTITUTE OF TECHNOLOGY PRESS

图书在版编目 (CIP) 数据

孩子一定要学的礼仪课: 把孩子培养成有教养、受欢迎的人/ (意) 妮席娅·拉尼亚多著； 唐冲译. —北京: 北京理工大学出版社, 2019.10
（关键期关键帮助系列）
ISBN 978-7-5682-7472-2

Ⅰ.①孩… Ⅱ.①妮… ②唐… Ⅲ.①礼仪—学前教育—教学参考资料 Ⅳ.①G611
中国版本图书馆 CIP 数据核字 (2019) 第 178035 号

北京市版权局著作权合同登记号 图字 01-2019-4697

© Il Castello S.r.l., Milano 71/73 12-20010 Cornaredo (Milano), Italia plus date of first publication and the title of the Work in Italian
The simplified Chinese translation rights arranged through Rightol Media （本书中文简体版权经由锐拓传媒取得 Email:copyright@rightol.com）

出版发行 / 北京理工大学出版社有限责任公司
社　　址 / 北京市海淀区中关村南大街 5 号
邮　　编 / 100081
电　　话 / （010）68914775（总编室）
　　　　　（010）82562903（教材售后服务热线）
　　　　　（010）68948351（其他图书服务热线）
网　　址 / http://www.bitpress.com.cn
经　　销 / 全国各地新华书店
印　　刷 / 三河市华骏印务包装有限公司
开　　本 / 880 毫米 × 1230 毫米　1/32
印　　张 / 5　　　　　　　　　　　　　　　　责任编辑 / 申玉琴
字　　数 / 100 千字　　　　　　　　　　　　文案编辑 / 申玉琴
版　　次 / 2019 年 10 月第 1 版　2019 年 10 月第 1 次印刷　　责任校对 / 周瑞红
定　　价 / 39.80 元　　　　　　　　　　　　责任印制 / 施胜娟

为什么写这本书?

在海边度假时，我和我弟弟总是将沙子撒向天空，引得旁边在太阳伞下乘凉的女士们不停地抱怨。妈妈过来维护我们说："他们只是孩子。"但那些女士们说："女士，他们是'您'的孩子!"

（马泰奥，5岁）

昨天我帮爸爸接了个电话，但是他很生我的气，就是因为我叫他来接电话时跟他说了"是你那个讨厌的主任找你"。

（菲奥伦佐，6岁）

"不要再做那些让我丢脸的事情了!"每次出门前妈妈总是对我这么说。但是，这跟她有什么关系呢?

（马尔蒂娜，4岁）

孩子在成长过程中需要理解、疼爱和帮助；应该向他们提供充实自我的经历。孩子有自主意识、有创造力，并能自由表达，这是件好事。但多少次孩子打着这些旗号，举止粗鲁，没有礼貌，缺乏教养，让身为父母的我们去承受他们的"过分活跃"和"疏忽"所带来的后果（以及他人的评价）！

在家或出门在外时，有办法教给孩子们一些举止得体、行为礼貌的标准吗？

据心理学家所说，现代礼仪要求的不是形式，而是实质。它代表着能让人进入任何场合的通用语言和行为方式，也是一种让人感到舒适自在和受欢迎的行为方式，更是内心亲切和高尚的一种表达。

本书包含很多生活经验和建议，还提供了一些教导孩子的方法，这使得家长在教导孩子向世界展示自己时，既能尊重孩子并赢得孩子的尊重，同时又不伤害孩子的主动性、创造性。

美国伟大的心理学家托马斯·贝里·布雷泽尔顿（T. Berry Brazelton）曾说过："如果要让孩子在将来成为有担当的、幸福的人，就得重点培养孩子尊重自己和尊重他人的能力。举止粗鲁不仅会对自己处理人际关系造成不好的影响，还会使自己难以很好地表达自己。"

目　录

第一章

教育与智力有什么关系呢？

20 世纪 80 年代 Ricordi 出版社出版了名为"阶级烙印"的百科全书。出版社制定了非常有雄心的目标，即教人如何避免丢面子。

　　当时，随着意大利大学对不太富裕阶级的开放，出身寒门的人也可以进入大学学习了。在大学毕业之后，他们中的一些人成功地获得了在重要工作岗位上工作的机会，这些人觉得有必要学习一些礼仪用语，这样他们就能很好地在公司工作，也能自如地参加会议或工作午餐，而不会感到任何不自在。

　　当时的礼仪规则都是由上流社会阶层的家族代代相传下来的，其他社会阶层都被认为是"乡巴佬"或者粗鲁的、不文明的人。意大利语辞典对"乡巴佬"这个词给出的解释为"进城不久的人"。

1. 形式的虚伪和礼貌的美德

1968 年，意大利僵化的社会结构被打破，同时破坏了原有的社交规则。原有的礼仪形式因"虚伪"之名而被排斥：社交技巧就以下面的方式展现：以最粗俗的方式插入发言；女士被让路会觉得自己受到了冒犯；对所有人都毫不客气地以"你"相称；在复活节和圣诞节等节日来临时，人们不再相互祝贺⋯⋯

在排斥虚伪形式的愤怒之中，礼貌的美德也被遗忘了。于是，人们开始对这种过于"随意"的态度感到不适，开始反思。

英国儿童心理学家佩尼·帕尔马诺（Penny Palmano）在其作品《是的，请。谢谢！》中这样写道："当孩子将番茄酱洒到自己的古驰名牌鞋上时，很多父母不知道是否要因孩子缺乏自制能力而向其表示祝贺，还是要做出决定带孩子去看心理医生。"《是的，请。谢谢！》是一本关于如何教育儿童的指南，这部作品在 2005 年一直位于英语畅销书排行榜的首位。

《是的，请。谢谢！》这部作品的成功并非偶然。现在，每个人，包括父母、教育工作者和心理学家，都意识到孩子的言论自由必须有一个限度，即尊重他人。

2. 社会智慧

米兰圣心天主教大学发展心理学和教育心理学教师法比奥·斯巴泰拉（Fabio Sbattella）解释说："在 60 年代初期，盛行所谓的英式'规范教育'，即意志力、清楚的指令和或有的惩罚。然而，随后人们意识到，采用这种方式进行教育，孩子的侵略性迟早会重新出现。现如今的想法是培养孩子的社交技能，即教孩子以一种智慧的方式行事，使其在各种极为不同的环境中能与他人友好相处，并能管理和区分各种不同情境以及理解他人的观点。"

这不是一个礼貌不礼貌的问题，而是一个有没有教养的问题，涉及的是更深刻的东西，超越了常规的尊重。事实上，专家认为没有教养是一种不自在的症状：它表明没有能力管理冲突并表达自己的情绪。

喜欢尖叫和不好好回答的孩子，以及喜欢做鬼脸和噘嘴的孩子，不会以他人接受的方式表达失望和要求，也不会意识到自己惹他人生气了。

很多时候，人际关系中的问题、心理上的不适或者无法做出合适的选择，都源于难以理解自己和他人的情绪。

有资料显示，人际关系不仅影响孩子的情感和社会发展，还会影响孩子的认知发展。将"智力"定义为"有效应对和适应各种新情况的能力"并非巧合，并且现在人们越来越多地谈论情感智力。

各项调查表明，在欧洲，意大利的孩子是最没有教养的和"最令人讨厌"的。如果上述调查结果是真实的话，就不得不说情感智力是一种特别罕见的天赋。

说"谢谢"

"向那个给你买冰激凌的爷爷说'谢谢'！"妈妈不停地通过碎碎念劝说道。而5岁的席尔瓦诺低着头沉默不语，固执得像头驴，任凭融化了的冰激凌沿着袖子流下来。当那位爷爷嘟嘟囔囔地说着："但愿现在还有人会说'谢谢'！"逐渐远去时，妈妈叹息道："你能拿他怎么办呢？他太害羞了。"

"我用我自己的钱买的它"

39岁的茱莉亚和她最好的朋友弗朗西斯卡一起走进起居室，她12的儿子席尔瓦诺叉着腿坐在沙发上，正拼命地用他的电子火箭筒射击，以击败新3D电子游戏里的入侵者，他说："我用我自己的钱买的它。"

"你好啊！"弗朗西斯卡热情地打招呼道。"好！"席尔瓦诺生气地回应道。因为分心他没有击中目标，在他回应问候时眼睛都没有离开过电子游戏。

　　一般性的没有教养，如果没有上升到一定的理论高度，往往会被视作为自发性的，从而被大家所容忍。

　　意大利跨学科研究院（Ipsa）的心理人类学家马西莫·奇科尼亚（Massimo Cicogna）曾率领一支国际研究团队对法国、意大利、希腊、英国和西班牙等2 500家旅游经营者进行了一项研究，其结果表明：意大利孩子是欧洲各国最不文明的。他们倾向于当"硬汉"，对那些绅士行为嗤之以鼻。对他们来说，把社会规则、社会人士和社会习俗扔在一边才意味着"长大了"。当他们乘坐飞机时，在过道上跑来跑去和毫无顾忌地大声哭喊，就是他们破坏行为实施的最初征兆。他们把那些最糟糕的破坏行为都留给了酒店，他们让酒店的员工和经营者抓狂：他们像玩玩具那样使用电梯；他们在酒店大堂骚扰其他顾客。即使在饭店，意大利孩子也被认为是对经营者的一种折磨，因为他们在服务员间跑来窜去，在餐桌上大声喧嚣并做出各种不礼貌的行为。这使得大多数受访者都不愿意碰上他们。

3. 小小词汇表

礼节与教养

　　"礼节"与"礼貌"不仅存在着形式上的层级差异，而且各自的预设目的也不相同。抽象来说，它们代表两个相反的极端。

　　"礼节"，我们可以将其称为刚性的极点，它是限制自发性的规则。

　　相反，"礼貌"需要考虑到对话者的需求，不对他人做其不想忍受的事情，需要表现出敏感性和同情心。

礼貌和善良

　　在"礼貌"和"善良"之间有着与"礼节"和"教养"之间相

同的本质差距。

"礼貌"是一种表面的态度。它仅涉及行为方式，承认并且几乎暗示了形式主义和内在的冷漠。

相反，"善良"不仅表现在礼貌的行为上，而且还是内心态度的反映，但不涉及任何具体事情。我们的行为方式告知我们：我们的举止是否表现出了尊重或真诚的团结，是否表现出了蔑视或诚挚的关注，是否表现出了冷漠或真实的参与。

礼仪与优雅

"'礼仪'与'优雅'是两个不同的概念。"记者兼作家莉娜·索提斯（Lina Sotis）解释道。她还就这一主题撰写了一本书。"人不懂'礼仪'，就不能表现出'优雅'；但人可以在不表现出'优雅'的情况下，努力运用所有'礼仪'规则。'优雅'就是雅致地生活，轻松地生存。""优雅"这个词朗朗上口，读起来就像一只欢快的小铃铛清脆作响，它把传统的"礼仪"从死板的形式中解脱出来。

有时候，尽管按照礼节行为，也可能会有不当的举止。最简单的例子就是：为了达成自己期望的目标，在事先或事后向他人表达歉意，却不考虑他人的反应。具体来说，在说"打扰了！我可以……？"的同时，用面包在邻座的盘子里蘸，用餐的时候用手机打电话在伴侣的耳边低语……

4. 日常生活琐事的道德规范

自发性不一定非得与礼貌相左。早在两个世纪前，法国散文家亚历西斯·德·托克维尔（Alexis de Tocqueville, 1805–1859）就指出，"乍一看，好像没有什么比人类行为的外在形式更重要，但也没有什么是人类赋予更多价值的。"

佩妮·帕尔马诺（Penny Palmano）写道："我想要一些礼貌的孩子，他们了解餐桌礼仪，并且斯文和恭敬。""我想要一些孩子，当他们被带到饭店时，我不会因为他们的行为而导致严重的消化不良和中风。"

空气都能感受到人们对礼貌的渴望。尽管人们希望孩子们能将这些行为准则传承下来，但人们对此仍然存有疑虑：因为社会已经变成多种族的了，行为准则也不再是原来的那些了，从而使得人们往往拿不准要给孩子们教哪些准则。

现如今，礼仪不能再是一个无聊的怪诞准则清单，因为这些准则将人的攻击性情绪隐藏在习俗的面纱下了，也不能是一个社会阶层将自身霸权强加到另一个社会阶层上的工具，而是一个适用于日常生活的"具体道德规范"，是一种磨砺自己并真正关注他人需要的方法。

因此，不是要提出一种在短时间内有可能过时的礼仪，而是要向孩子逐渐灌输一些基本的行为原则，使他能真正关注自己和他人。这样，孩子将学会一种通用语言，使他能够在任何情况下都感到轻松自如，并能让他更容易被人接受。

这不仅仅是形式问题，而是实质问题。

正如我们将在本书后文中所看到的那样，针对我们的现实生活，我们揭示了友谊或冲突、紧张或尊重的关系，但最为重要的是——它是我们情操的镜子。

他们说……

关于善良

令人愉快和善良的举止能唤起邻居们的仁爱，而粗鲁和粗俗的举止只会带给我们仇恨和蔑视。

事实上，尽管没有法律惩处失礼和粗俗……但我们可以证实自然本身是如何用最严厉的手段惩罚无礼的人的。这个手段就是孤独，它让那些无礼的人得不到他人的陪伴和喜爱。当然，如果说严重的罪行产生的是具体的危害的话，那么方式方法上的疏忽与随意会越来越多地让人讨厌。

害怕野兽的人不怕诸如蚊子、苍蝇之类的昆虫；然而，由于人受到它们的持续和反复的烦扰，所以会更多地抱怨昆虫而不是凶恶的野兽。

因此，可以说，大多数人对那些无礼的人的厌恶程度，与对那些暴力、危险的人相比，有过之而无不及。

——乔瓦尼·德拉·卡萨大主教（Monsignor Giovanni della Casa, 1503-1556），摘自《礼仪手册》

　　说服自己相信：教育、语言规范、举止温柔……并不是外在的细枝末节；相反，它们是一种坚实的财富，它们可以防止许多实际的伤害，它们创造、美化和加强友谊，它们将厌恶限制在安全范围内，它们有助于形成良好的情绪和和睦的家庭。导致家庭不和的首要原因就是缺乏斯文的方式方法。

　　——切斯特菲尔德伯爵（菲利普·斯坦霍普，Philip Stanhope），选自其1751年6月6日写给儿子的一封信

第二章

如何教导孩子尊重他人而不否定自己？

当看到我们的孩子经常用武力迫使他人屈服时，我们那种无法掩饰的得意溢于言表：我们心里差不多就有底了，因为我们认为孩子长大后会知道如何让别人尊重自己。

事实上，多项研究反映的情况却恰恰相反：如果孩子从小就让自己变得"傲慢"，那么在青少年时期和成年时出现反社会行为的可能性就会比较大。

因此，一方面需要去了解孩子的需求，这很重要；另一方面绝不允许孩子擅自以侵略性的和霸道的方式来表达需求，这也很重要。

那么，问题在于如何教导孩子尊重他人而不否定自己。

1. 当说了太多"不"的时候

心理学家贾娜·博拉科·威廉姆斯（Gianna Polacco Williams）

指出："当孩子开始说'不'，并且很早就开始的时候，他也能接受'不'。孩子在两岁时每说三个字就会说一个'不'，这样的情况很常见，并且也是孩子准备好接受别人对自己说'不'的标志。从这个年龄开始，对孩子设置一些限制是很重要的。据说，如果孩子很好地度过了说'不'的时期，那么他在 12 至 16 岁的叛逆期中遇到的问题将会更少。这就需要建立一个内部参考标准，即得有人说'这个可以做，那个不能做'。孩子们得知道有些事情不能做，这不是因为我们告诉他们不能做，而是因为做那些事情会对他人造成伤害，会让妈妈或爸爸不高兴，也会给自己带来危害。这些不能做的事情会被内化到孩子们的思想中，它们会对孩子的成长提供帮助，因为在做事情之前孩子们都会问自己：'谁知道这会不会让……觉得讨厌呢？'"

意大利人最不能容忍的行为

意大利《晚邮报》最近在网上进行的一项调查表明：以下这些是意大利人最不能容忍的行为排序。

- 蛮不讲理
- 说脏话
- 不给老年人让座
- 吃饭时看电视
- 把脚放在座位上
- 不问候他人
- 不向他人表达谢意
- 不排队
- 用手指挖鼻孔

这些"不"表明什么行为是可以接受的，它们给出了孩子正确行为的参考框架。即使孩子会本能地试图反抗它们，但他也会觉得这些"不"还是有必要的。随着孩子慢慢长大，这个参考框架的边界将变得更宽广或更灵活，但边界会一直存在下去。

　　可笑的是，正是那些没有受到任何限制的孩子会感到迷失了方向。这些孩子孤身一人，他们不知道如何引导他们的精力，他们感到自己被忽视，于是就通过侵略性和挑衅性行为试图吸引那些照顾他们的人的注意力。

　　如果将我们与孩子的沟通都记录下来，我们就会发现在这些沟通中充满了"不"。

　　从孩子出生后的头几个月开始，大人使用最多的词就是"不"。当孩子从护栏伸出头来时，就会听到一个"不"。当孩子正要去抓煮沸的锅时，会听到一个迫切的"不"。当孩子向大街跑去时，就会听到一个惊慌失措的"不"。于是，"不"就成了孩子第一个会理解与发音的词。

　　然而，滥用"不"会适得其反。实验室进行的实验表明，当老鼠处于自由活动受限的环境中，短时间内就会引发神经官能症，即"持续的焦虑，以致产生耐不住环境的感觉"。

　　以色列伟大的心理学家鲁文·费尔斯坦（Reuven Feuerstein）证实了这一点："一个自信的孩子就是一个可以在明确范围内进行自由选择的孩子。"例如，在我们认为适合孩子观看的一系列电视节目中，让孩子自己决定看哪些节目。同样地，孩子可以选择是吃香蕉还是吃苹果，但不允许他玩妈妈的首饰，或者翻找家里的证件。

在给予孩子自主权时，必须避免两个极端，即过度控制和过度放纵，因为两者都会导致负面结果。

一方面，如果孩子总没有机会自己做决定或表达意见，就会反抗。长时间说"不"，当然也就不会独立并自主地采取行动。

另一方面，相反地，如果孩子的所有行动都不受我们控制，而且他还可以自由地执行自己的每一个决定，那么他将会变成一个难以管理的小"怪物"。

2. 如何给孩子定规矩？

当孩子与保姆在一起时，孩子总是像天使那样可爱，但父母一回家时孩子就变成了讨人厌的"熊孩子"。事实上，这样的情景经常出现。专家们解释说，孩子与保姆的关系，并不会因情感介入或过度的教育焦虑而变得复杂，这就是要给孩子规定这些"不"，且不带一丝犹豫和怀疑的原因。

保姆跟孩子说"不"只是因为孩子的行为让她讨厌或者孩子的行为会带来危险。而对于我们父母来说，我们每对孩子说一个"不"就会引发难以描述的苦恼："孩子会觉得自己被拒绝了吗？""这是他为他整天没有见到我而惩罚我的方式……""他是在嫉妒他刚出生的弟弟……"。

多年来，"规矩"这个词与压制、随波逐流和否定自发性联系在一起，因此不是那么受欢迎。以前，理论上认为孩子应该自由地表达自己的想法，而不应受任何能将其创造力扼杀在萌芽中的规则限制。现如今，人们重新认为：如果给孩子制定一些明确的规则，有助于培养孩子的自信心，有助于引导孩子走向自主与自信的漫长人生道路。

"规矩"并不是指"打屁股"或"压制"，它是一门更为复杂的艺术，包括如何控制孩子过剩的精力，并将其导向那些"正能量"的目标。

为了让孩子能理解并内化我们制定的规矩，这些规矩必须具备某些特定的特征：为数不多的、连贯一致的、坚定不移的、相互约束的、受人尊重的，等等。因为这些规矩都是以我们自己付诸实践的价值观和尊重孩子的感受为基础的，所以这些规矩还有一个重要的特征：正能量的。

规矩必须是为数不多的

将禁令的数量尽可能地减到最少是很重要的。如果不允许孩子玩刀，那么就不要在孩子与大人一起就餐时向他提出不要玩刀的嘱托和禁令。

如果可能的话，我们可以教给孩子一些新技能，从而赋予孩子一些责任。例如，孩子能够操纵电子游戏的游戏键，却不明白为什么不能学会正确地使用勺子。虽然这个转变过程需要一点耐心，但是值得的。

规矩必须是连贯一致的

如果昨天我们禁止孩子把最喜欢的电子游戏带到餐桌上玩，那么今天我们就不能为了让他停止哭泣而选择让步。因为他搞不懂头一天的禁令是我们毫无理由的心血来潮，还是今天的胜利是他权利的正当履行。此外，父母就允许孩子做的事情和违反禁令后所受的惩罚达成一致意见也是很重要的。

无论父母双方的准则和期望是否相同，重要的是父母不要在孩子面前讨论这些问题，应寻求就某些共同行为方针达成一致并忽略其余部分，以便在孩子面前保持同一阵线。

规矩必须是坚定不移的

在向孩子解释原因并听取孩子的看法后，应避免不必要的、无休止的讨论。如果孩子坚持以某种方式行事，那我们就要冷静地、非暴力地阻止他那样做。他想躺着吃饭，那我们就把盘子从他身边拿走。重要的是我们尽可能地保持冷静。事实上，孩子会觉得很难理解为什么我们会因为他违反禁令而生气。很可能，他已经忘记了准则，或者他太冲动了以致无法控制自己。面对我们的反应，他迷惑不解，因为他不明白我们为什么生气；相反，如果他能很好地记住之前规定的东西，我们应该不胜感激。

既然我们是成年人，那么也就是这种关系中认知最清楚的人，因此应该由我们来处理那种情况：我们应尽力用一种让人感到安心和平静的语调跟孩子说话，因为这样孩子会更愿意接受我们的意见。

通常，我们降低音量就可以立即看到孩子行为方式的根本变化。

规矩必须是相互约束的

我们不要求孩子有我们自己都不相信的行为举止。例如，如果孩子听到我们跟邻居说"见鬼去吧"，那么期望他不按我们的示范行为是不切实际的。我们应该通过我们的示范给他传递我们想要的价值观。

规矩必须是受人尊重的

我们试图用与"大人"相处时的严肃性、庄重性和尊重感来对待孩子。例如，我们绝不会不作任何解释就从成年人手里夺下剪刀，只是因为我们害怕他弄伤自己；但是，我们会坚决要求孩子把剪刀给我们，如果他不把剪刀给我们，那我们就会不作任何辩论而把剪刀从他那里拿走，然后我们给他解释原因。每当我们准备施加限制时，我们都要习惯性地向孩子解释原因。

他们说……

关于限制

是否使用"是"或"不"，一切都被精挑细选，仔细研究，就是为了让孩子能有一种从不被命令并总是被理解的感觉。喋喋不休会毁了多次向老人扔球的孩子。没有妈妈有勇气说"不"。

> 但是，所有的妈妈都会绕着圈子说："如果你把球扔出去的话，那这位女士就可能会受伤，甚至可能会跌倒，然后你可怜的妈妈就得带她去医院。"在这种显而易见且没有必要的、无休止的解释中，孩子感到自己有权决定所有事情。除了孩子外，我们还教育爸爸和妈妈：正当合理的"是"和正当合理的"不"从未伤害过任何人。不要用滔滔不绝的话语让孩子感到厌倦。
>
> ——莉娜·索提斯（Lina Sotis），记者和作家

规矩必须是正能量的

将禁令变成"正能量的"建议是极其容易的。例如，如果孩子正在玩火柴，与其命令他"不要碰火柴"，倒不如提议："我们把火柴拿走吧，这样火柴就不会燃起来并伤害到你了。"与其警告他"拜托！不要打你的小伙伴"，倒不如靠近他并亲切地对他说："今天你要过得愉快一点。尽量跟那些你玩得好的小伙伴一起玩。"

这样，尽管禁令本身是具有惩罚性的，但也转化成了充满关爱的信息。同时，禁令也间接地表明我们相信孩子有能力表现良好。

3. 如何有效地跟孩子说"不"？

要想制定的准则或规矩被执行或者服从，就不应该让它们被怀疑、反思和焦虑所破坏。下面让我们看看如何有效地跟孩子说"不"。

拥有内在的信念

说"不"的秘诀在于深信孩子必将表现出某种行为。

例如，如果孩子手里拿着从他曾祖父那里继承得来的 18 世纪的珐琅彩，我们要毫不犹豫地将它从孩子手中夺下，并给他一个玩具来代替。这样，孩子就能立即得知这样一个限制：不能碰珐琅彩。

相反，在其他情况下，我们发现很难强迫自己这样做。例如，如果我们允许孩子看的节目结束了，我们得关电视时，按遥控器上的关闭键好像要比从孩子手中夺下珐琅彩容易得多，然而我们却做不了：这不同之处就在于我们缺乏必不可少的信念。

这就是为什么在提出要求之前，有必要了解我们能不能遵循这样的要求。如果从一开始我们对它的必要性存疑，并且已经准备好对其放任自流，那么最好就不要提这样的要求了。事实上，孩子具有超凡的敏感性，他能感知我们语调中一丝一毫的迟疑。

拥有正确的语调

"不"应以平静而又坚定的语调说出来，这样才能让孩子明白不容许任何反驳。没有微笑，没有甜言蜜语，也没有任何生气或憎恨的迹象。我们要以我们与成年人交谈时使用的同样的语调来传达我们的要求，并且寄希望于它被执行。

不要使用"条件式"，而要使用"命令式"

孩子必须学会区分命令与邀请、吩咐与建议、勒令与要求。这就是必须使用"命令式"而不是"条件式"的原因。这并不意味着从上压下的权威，而代表的是我们传达决定的方式。我们不要说"你可以……""劳驾……""你愿意……"，我们可以尝试说："劳驾，把你的毛衣从沙发上拿走，放到你的房间里去。"使用两个"命令式"就不会留下任何疑问。

不要提出笼统的要求，而要提出明确的要求

要求不能是笼统的，而应是明确的。不要说"孩子们，好好干！"或者"你们规矩点"，我们可以说"我要你不扯妹妹的头发"或"不要把你们的脚放在沙发上"，同时给出一个解释："这样你会弄疼她的""这样沙发套子弄脏了，就得换了"。

事实上，有教养不应被视为一系列必须死记硬背的、专横的约定或规则。我们要明白的是：要很好地在一起生活，就不要侵犯对方的私人空间，也不要危害对方的敏感性。

因此，谈一谈我们自己以及孩子的行为对我们的影响也是很有必要的。

- "如果你大声叫喊的话，那我就听不到你姨妈说话了。"
- "你嚼泡泡糖嘴巴发出的声响，让我觉得很讨厌。"
- "你没有问候姥姥而直接把她打过来的电话交给了我，这让姥姥觉得很伤心。如果别人也这样对你，你心里会觉得舒服吗？"
- "我知道妈妈允许你把电视声音开得很大，但这打扰到

我了，我都没法看书了。"

在适当的时候提出要求

如果孩子正在聚精会神地观看 AC 米兰—国际米兰比赛的最后几分钟，那么我们就不要在那个时候要求他把脱在门口的鞋子收拾好。

如果在适当的时候提出要求，那么就可以避免无休止的冲突。所以，我们要提前足够长的时间预先通知孩子。如果孩子知道等待他的是什么，他就会像我们所有人一样，会逐渐适应这个想法，并且更愿意合作。

预先通知

如果可能的话，最好预先通知孩子："10 分钟后吃饭。打完这把牌，就准备吃晚饭。"我们自己也是更愿意去做那些提前收到通知的事情，而不愿意做那些最后一刻才被通知的事情。

为了帮助孩子快而好地完成他必须做的事情，我可以向他推荐一件令他愉快的事情："来吧，如果你洗澡洗得快的话，那我们就可以一起玩一会儿。"

在公布你的期望后，再提出要求

如果我们不得不去散步、去饭店吃饭或去办事，那我们就要跟孩子明确我们希望他表现出的行为，不要泛泛地说一句"要听话，不要闹"，而要时不时地跟他说他应该如何表现。

- "大家要一起过马路。"
- "电影放映期间不要说话。"
- "在商店里，不要碰货物。"
- "里卡多（Riccardo）去的路上按调节车窗的按钮，维罗妮卡（Veronica）回来的路上按。"

4. 面对"熊孩子"，我们应该怎么做？

有时候，好像我们孩子的字典中就只剩下了一个由两个字母组成的单词——"不（no）"，他们说这个词的时候既任性又顽固，还会用脚跺着地板来强调。似乎他们表现得不听话就是为了让我们生气。我们要求他们说"请"时，他们却说"不"。如果我们使用暴力，那他们就会更固执。如果我们不理他们，他们就会突然大哭。如果我们离开，他们就会在地上打滚。

面对"熊孩子"的过激行为，如果我们考虑到他们不是故意那样做的话，我们就需要更冷静地做出反应。因为在反对父母的选择的同时，孩子也感到非常需要得到父母的认可和喜爱。

怎么解释呢？比如说：有时候，当孩子极其任性、没法调解的时候，只要温柔地抱住他们，那他们所有的愤怒就会随着一阵轻声的抽泣而烟消云散。

孩子们想通过说"不"来达成的目标有以下三个。

（1）他们想知道他们能淘到什么程度。孩子们需要知道我们的禁令有多严格：我们是认真的，还是只是发牢骚。

（2）他们想引起我们的关注。如果他们表现好，往往会被忽视：妈妈会去照顾另外一个孩子，而爸爸则会躺在沙发上看比赛。如果他们不听从我们的告诫，我们就不得不动起来，而他们又重新成为我们关注的焦点。

（3）他们想知道家里谁说了算。他们一次又一次地尝试，就是想知道是妈妈好说话还是爸爸好说话。

既然我们能够理解了孩子说"不"背后的原因，那么我们面对这样的情况，应该如何做呢？

（1）我们绝不允许孩子通过蛮不讲理达成自己的目标。我们要坚定地跟他解释用哭和大声喊叫是不可能达到目的的：他越坚持，我们就越不愿意听他说话。

（2）我们要让他清楚地知道我们不喜欢他的表达方式。比如，我们可以说："我不喜欢你这么跟我说话。如果你想要什么东西，那就用另外一种方式跟我说。"

（3）我们要求他以正确的方式再次表达自己的请求，然后我们就温柔地抱住他，并对他说："我喜欢你向我请求的方式。一旦可以，我会尽力满足你的要求。"这样，孩子就能学会如何处理与他人的关系：尊重他人，反过来会得到他人的尊重。

（4）我们要尽力保持冷静。为了阻止孩子继续他那些令人筋疲力尽的要求，没有什么比下面这种方式更有效了，即让他明白抱怨、勒索和尖叫不会带来任何结果，甚至不会让我们生气。

如果我们认为孩子"不是故意这样做的",他只是在完成他的"工作",那么我们就能轻而易举地保持冷静了。当孩子察觉我们不安或烦躁的时候,他马上就知道自己就要赢得"斗争"的胜利了。

反之,如果我们十分冷静地、不急不躁地观察他的行为,他就会完全丢盔弃甲,并明白自己的勒索并不能让人觉得可怕。

(5)我们不要去争论。我们不想给孩子他想要的东西肯定是有理由的,但千万不要落入长时间与孩子争论这一理由的陷阱中去。

用长篇累牍的话语向孩子解释拒绝他要求的理由是不会成功的。因为一旦我们这样做,就表明我们处于守势,也就暗示我们承认我们可能或者应该让步,如果我们不让步,那肯定不是因为我们主观上的原因。

于是,孩子知道他已经开了一个缺口,并且我们迟早会放弃。

(6)无论如何,先安慰孩子。无论他的要求是多么固执和荒谬的,我们都要在他开始哭泣时安慰他,因为是我们阻止了他做他想做的事情或得到他想要得到的东西。除了需要我们给出的界限外,孩子也渴望得到我们的理解。

重要的是要能区分他的要求和他表达要求的方式。孩子的要求总是合情合理的,因为它展现了孩子的情绪和渴望,但抱怨或咄咄逼人的态度是不能接受的。当我们烦躁时,我们也需要他人带着善意、耐心和理解来接纳我们。

另外,我们还应记住一条原则:孩子需要被理解。

情绪和要求并不是非对即错的,因为它不像数学题的答案那样。

所以当我们给孩子划出界限时，要让他明白我们理解他的愿望和期望有多么强烈，这是很重要的。虽然孩子的情绪和要求在我们看来有些夸张，并且毫无理由，但它们不会因此而不存在。而且，当孩子感受到它们时，那就不能否定或轻视它们。

孩子尤其需要的是理解。如果他发现我们认可他的要求，他会更愿意去适应我们的拒绝和我们的规则。

但需要注意的是：接受和理解并不等于同意。因此，接受和理解并不意味着赞同某种情况，也不意味着同意孩子在这一情况下的行为及其表达自己情绪的方式。

5. 对孩子少一些控制，多一些鼓励

如果孩子的行为在我们看来是无法容忍的和忘恩负义的，并且我们因此感到愤怒、疲惫和沮丧，这时我们就会十分生气，就会想着做点儿什么来惩罚孩子，或用力拍打孩子的脑袋，或更为严厉地进行处罚。其实，这时我们就可以借机和孩子围坐在桌旁认真地谈论将来如何避免再次陷入同样境地。

在讨论时应牢记以下要点：

（1）绝对不要普遍化。我们尽量不要基于孩子错误的行为来评判孩子，并将其限定在某一个角色中："你从来没有礼貌地对待过她！""你还是个乡巴佬！""你每次都让房门大开着！"

这样，孩子就感觉自己被贴上了标签，他可能会想："如果在妈妈和爸爸眼里我就是个粗鲁的人，就是个乡巴佬，就是个不懂礼

貌的人，那我就继续做他们眼中那样的人吧！"

（2）跟孩子说话时，要尊重孩子。当我们跟孩子说话时，我们要想一想："如果有人用这种语气跟我说话，我会喜欢吗？"既然我们是成年人，那我们就是家长与孩子这种关系中认知最清楚的人，所以就应该由我们来走出第一步：我们应尽力用一种让人感到安心和平静的语调跟孩子说话，因为这样孩子会更愿意接受我们的意见。通常，我们降低音量就可以立即看到孩子行为方式的根本变化。

（3）要求孩子尊重我们。反过来，我们可以要求孩子在表达自己意见时在方式上做些小改变。不是说"妈妈，你真丑……你真坏……我再也不要你了！"而是说"我很生气！"；不是说"我要……"，而是说"我想要……"。同样，教导他与我们讨论而不是评价或否定我们的话，这也是很重要的。这样做并不意味着我们要去打压孩子的想法。相反，孩子可以自由地说他脑子里想的那些东西，但必须要用尊重我们的方式说。因此，当孩子使用"这不是真的！""我是对的！""但是，就是这样的！"来跟我们说话时，我们应该温柔地跟他说："当你跟我说点儿事情，而我跟你说那不是真的，你愿意听到这样的话吗？"从而禁止他再使用那样的表述。

与其批评孩子不好的行为，倒不如鼓励和奖励他好的行为。大量研究表明，就算是会受到父母的责骂或惩罚，孩子也会用表现不好来吸引父母的注意。告诉孩子"别再表现不好了"并不会改变孩子的态度，没有孩子会在听到这样的话时停止大吵大闹。相反，通常孩子会哭得更厉害。因为他认为，只要他坚持下去，为了让他安静下来，我们会给他想要的东西。在这种情况下，有必要全面颠覆我们处理问题的方式。

事实上，与其考虑如何终止我们不赞同的态度，倒不如鼓励我们所接受的态度。我们要尽力用赞美和奖励来大力推行正确的行为，而不是使用惩罚、压制或禁止等手段。

如果这样说："如果你继续在超市里跑来跑去，就不给你买冰激凌！"这种威胁，会让孩子感觉这是一种不公正且专横的决定。虽然我们试图用超市为我们的威胁做辩解，但按照孩子的逻辑，超市与其有没有权利吃冰激凌并没有任何直接的关系。

所以，我们要试着把这样的情况翻转过来，要跟孩子说："如果你帮我把东西放在购物车里，那我们就能很快买完东西了，我们也就可以去买冰激凌了。"有奖励，就能创造奇迹。

第三章

教养养成日志

在教导孩子注意自己的言行举止时，必须考虑到孩子的成长阶段。过早地要求孩子遵守某些规则会导致冲突和紧张。事实上，在孩子2~3岁时，与其要求他学习礼貌的言行，倒不如要求他独立活动，鼓励他去探索，以掌握某些技能，例如自己吃饭。

以下是我们对不同年龄段儿童的要求。

1. 18 ~ 24个月

在这个年龄段，孩子无法弄清楚哪些行为会让他人讨厌。他知道如何区分自己和外界，但他还不能将自己的这种能力应用到物体的分割上，因此但凡他视野所及的东西都自动变成了他的：哥哥的电子游戏机、表姐的玩偶和妈妈的眼镜。他已准备好通过嘴咬和手挠的方式来获取它们了。此时我们要亲切而又坚决地阻止他用暴力

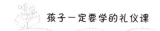

来占有东西，并阻止他殴打他人。

2. 2 岁

在这个年龄段，孩子想要独立与大人加以限制之间的冲突加剧了。孩子觉得整个世界都在跟他作对，他会坚持自己的决定而拒绝任何建议，并想要按自己的方式来做所有的事情。这个时候，我们就要开始逐步引入养成良好教养的最初的那些规则，要避免冲突，尤其是不要与孩子硬碰硬。

我们要温柔地教他看着人跟人打招呼，教他用手说"你好"，教他说"谢谢""劳驾……"。

3. 3 ~ 4 岁

在这个年龄段，孩子仍然难以理解他人的需求，也很难理解为什么大人要推迟满足他的要求。因为对他来说，时间是不存在的。他无法想象未来。"以后"这个概念不在他的考虑范围之内，他要"一切，立即马上"。

然而，孩子有这样的想法并不是因为自私，而是源于一种极其自然的自我中心主义，也就是说，孩子很难设身处地为他人着想，很难去想象自己的行为可能带来的后果。但他很在意快乐，所以他会很热情，也会很合作。有时，他甚至会变得有点儿迎合大人的主张。

从现实来说，我们能对孩子抱有什么样的期待呢？以下是专家们提出的孩子可达成的目标：

（1）说"早上好""再见""你好吗？"。

（2）用名字跟他遇到的人打招呼。

（3）与那些向他伸手的人握手。

（4）注视跟他说话的人。

（5）饭前和饭后洗手。

（6）用餐时保持坐姿。

（7）使用餐具就餐。

（8）说"劳驾""请""谢谢"。

（9）请求他人原谅。

4. 4～5岁

在这个年龄段，孩子开始认同生活在他周围的成年人，并试图自发地接受他所看到的态度和范例。他会试着弄清楚什么是好的，什么是坏的，即他想自己开动脑筋去做所有的事情。倾听他的理由，并在遵循既定规则的前提下逐渐给予他更多的自主权，这样做是非常重要的。

可以教他通过出借和交换的方式与他人分享他的东西。

如果他无意中冒犯了他人或剥夺了他人的某项权利，我们就要教他向人道歉，并尽力弥补他人的损失。

他可以开始学习用餐时如何表现：使用刀、叉和勺子就餐；礼貌地请人将盘子递给他；满口食物时不说话；等轮到他时再取食物；

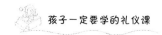

起身前征得大人同意。

在这个年龄段，有必要让他开始关注他人的问题。例如，学会不批评病人和残障人士，学会尽可能地帮助有需要的人。

5. 6～7 岁

在这个年纪，他开始上学。在班上他得遵守纪律，因此在家里要求他学会等待次序取食物以及不抢话也是理所当然的。

一般来说，孩子是乐于接受的，因为他想取悦成年人，但有时他又是固执的、厚颜无耻的、"好抬杠的"。

6. 7～8 岁

我们要教他给老人让路，要教他乘坐公共交通工具时给老人让座。

此外，他还得避免大声说那些可能令人尴尬的评论："你为什么路都走不好？""你可真胖！""呃！太臭了！"

7. 8～9 岁

孩子开始批评自己和他人，并要求我们采取与他一致的行为。

他可以负责整理好他的玩具，帮忙整理他的床铺，帮忙收拾衣服和废纸。

在有人邀请吃饭时，我们要教他在离开前感谢主人或服务员。

8. 9 ～ 10 岁

9~10 岁的孩子应该掌握良好教养的基本规则，如能在不提高声音的情况下发言，能在对大人话题感兴趣的情况下参与大人的谈话。

如果他有任何问题，他应该学会通过单独讨论来寻求解决方案。

9. 10 岁后

孩子与朋友一起玩时，我们要慎重地扩大孩子的自由空间，让他自己负责在家做一些小事情：扔垃圾，煮咖啡，换掉猫沙盆中的沙子，清空纸篓和给植物浇水。

可以开始教他注重隐私，让他不要把家里的事情到处说。他觉得这是家长对他的信任。

他得了解他受到的限制有哪些，在他要跳出这些限制束缚时他得做到：

（1）知道什么时候以"你"相称，什么时候以"您"相称。

（2）了解餐桌上的礼仪规则。

（3）以适当的方式接听电话并做好通话记录。

（4）在公共场所举止得体。

（5）保持自己房间整洁。

（6）当大人进入他房间时，起身迎接。

（7）准时，不迟到。

（8）为他人开门。

（9）与大人谈话。

10. 15岁

孩子已是青葱少年了。对他独立自主的渴望应该予以尊重：和朋友们在一起时，他可以按照自己的意愿行事并使用他喜欢的语言。但当他和大人在一起时，他必须遵守以下规则：

（1）知道如何开始谈话并表现出对他人的关注。

（2）知道如何恭维他人和接受恭维。

（3）在家时照顾好自己和朋友。

（4）保护和温柔地对待年幼的孩子。

（5）表达对父母及他人的赞赏之情。

（6）能够预测他人的意愿。

（7）能通过观察他人的行为来适应形势。

他们说……

关于尊重

父母要得到孩子的尊重和敬意，必须以给予孩子同样尊重为前提。

——马尔切罗·贝纳尔迪（Marcello Bernardi），儿科专家

如果我们想让自己受到孩子的尊重，那我们就必须以他们想要尊重我们的方式行事，正如我们要求他们做的那样。

因此，我们在谴责孩子时，永远不让人觉得我们要强加我们的"自我意识"。

如果我们惹孩子生气了，我们要先试着跟孩子谈谈："我很抱歉，我不应该先大声说话。"

——希拉·基辛格（Sheila Kitzinger），美国心理学家

即使是小小的象征着关心的手势也可以教育孩子学会尊重。

我们送孩子到门口，晚上我们给躺在床上的他送一杯水，我们把他的衣服整理好，在这些细微的事情中都饱含着我们对他的关心。

我们也可以要求我们的小家伙们为我们这样做，但得是他们力所能及的事情。当我们要出去的时候，他们送我们到家门口，我们也会很高兴；当他们也给我们准备好了水，我们也会觉得

很开心；当我们在抽屉里找到他们叠的 T 恤衫，就算是叠得很不好，我们也会很愉快。

这些看起来可能都是形式的问题，但往往，在孩子的教育中，形式有着非常重要的意义。事实上，只要有几个基本的具有象征意义的行为，孩子就会对父母心存感激。这种感激并不是源于内疚感（"他们为我牺牲了很多"），而是源于双方相互的喜爱（"我的父母为我做了他们所能做的一切，我也要为他们这样做"）。

——雷西娅·拉尼娅多（Nessia Laniado），摘自《我儿子知道如何与他人相处》

第四章
会面与介绍

"跟这位先生问好。"爸爸一边说一边压了压我的肩膀。

（席尔瓦诺，8 岁）

我不喜欢古斯塔沃叔叔。当他来时，妈妈对我说："来和叔叔握个手。"但他的手湿湿的。

（菲利波，5 岁）

当奶奶来时，妈妈对我说："去见见维多利亚奶奶。"但为什么我得去见她呢？

（西尔维娅，4 岁）

如果我们回忆童年，我们中的许多人都会记得这样的情景：父母向我们以前从未见过的亲戚介绍我们。在我们看来，那样的情景简直就像一场噩梦，因为我们不得不给我们面前的人留下好印象。

"这是弗朗西斯卡姨妈的堂兄。"父母向我们解释说。好像这种脆弱的亲属关系就可以成为必须善待一个不仅陌生而且看起来还让人讨厌的人的理由。

"问候"意味着"祝愿他人健康"。因此，事实上问候必须将幸福感和同情心传递给那些接收正能量的人。

1. 第一印象的重要性

英国心理学家理查德·格雷戈里（Richard L. Gregory）写道："印象是我们通过情感体验的事物在意识中的反映。"伟大的希腊哲学家柏拉图（Plato）也曾指出，印象"通过它们的印记铭刻在人的脑海中，并且一直留在人的记忆中"。

当大人微笑着出现在孩子们面前，并伸出手向他们示好时，就会激发孩子的同情心，并使他们易于接受大人。

但是对于多数孩子来说，与陌生人的会面会引起他们的恐惧，这样介绍也就变成了悲剧。

在 20 世纪 30 年代末期，奥地利精神分析学家勒内·施皮茨（René Spitz, 1887–1974）对"陌生人恐惧"进行了定义。当孩子八九个月大时，他已经学会辨认亲人的面孔，此时出现的陌生人会引起孩子的怀疑，并且很不招孩子待见。所有心理学家一致认为：正常情况下，孩子一周岁生日后几个月里其"陌生人恐惧"的情绪会达到最高峰。

这种害怕并不是害羞，而是孩子与生俱来的有效防范未知事物的本能。

2. 克服陌生人恐惧

为了避免无穷无尽的、令人疲劳不堪的恳求、暴躁、劝说和拒绝，有必要从孩子头几岁时将我们自己面前的人介绍给孩子，用小人教他们跟人说"你好"。然后，当孩子能说话时，叫他们看着别人的眼睛，用名字跟别人打招呼。

避免劝说和恳求是非常重要的。因为孩子会沉浸在过多的关注中，这样他就会越来越不愿意问候他人。因此，我们要避免"奖励"他的这种行为。

3岁后，我们要要求孩子看着客人跟客人打招呼，然后再回去玩，如果他还想继续玩的话。如果孩子不接受，那我们就只能剥夺他陪伴大人的特权，将他带到自己的房间里。这不是惩罚，而是他自己的选择。

上幼儿园后，孩子接触了有规则的世界：饭前要洗手，做完游戏后要把垃圾收拾好，上滑梯前要等待自己的顺序。同样地，如果想要得到大人的陪伴，那就必须先问候他们。

"如果你们教他们打招呼，教他们看着别人介绍自己，那你们的孩子就可以毫无困难地结交朋友，并享受他人的陪伴。这就是值得立即解决这个问题的原因。"伟大的儿科专家马尔切罗·贝纳尔迪（Marcello Bernardi）写道。

这个简单的习惯，是孩子必须学习的规则，将来它让孩子受益无穷。如果孩子不学的话，就没法和大人相处了。事实上，孩子学会了一种关系模式，在日常生活实践中这种关系会帮孩子变得更善交际和更友善。

事实上，对于这种直接问候，人们倾向于以友好的方式回应。孩子感到被接受了，这样就不会觉得需要保护自己了，于是，"陌生人"就有了名字、眼神、面容和微笑。

3. 眼睛的魅力

在我们的文化中，注视对话者表示关注和关心，而在其他民族的文化中却有着不同的含义。

在印第安纳瓦霍人中，在一些南美部落或日本，在谈话中直接看着某人的脸会被认为是一种不礼貌和不尊重他人的行为。日本人通过垂下眼睛甚至闭上眼睛来表示自己的专注。

生活在塞拉利昂的门德人却恰恰相反，因为他们相信死者会以人的形式回归，并认为死而复生的人绝不会注视活人的脸。因此，当某人一边说话一边移开眼神时，他们会本能地感到不安。

即使在欧洲人中，目光的持续时间也会根据不同的文化或短或长。

与英国人相比，瑞典人会更少地注视他的对话者，但一旦目光交错，瑞典人注视对话者的时间就会更长。

就南欧人而言，当别人注视他们的时间不足够长时，他们就会觉得自己被孤立了和被拒绝了。在拉美，如果一个人盯着上级看的时间过长，就会被认为是不尊重他人。因此，当一名波多黎各的孩子在纽约的一所学校被责骂后，他会本能地垂下眼睛，以表示对老师的尊重和服从，尽管他的老师们按照北美文化更愿意逮住这个"滥用职权的"小家伙的目光。

> ### 用眼睛说话
>
> 　　不是女人袒露的锁骨或大腿，也不是女人纤细的手，更不是男人的二头肌或肩膀，让人坠入爱河的致命主角是眼睛，或者更确切地说是眼神。事实上，好像征服的秘密就在于：当一人的眼睛注视着另一人的眼睛时，两人眼神的交汇。
>
> 　　伦敦大学学院认知神经学研究所的克努特·坎普（Knut Kampe）2001 年发表在《自然》杂志上的一项研究成果用科学对上述观点进行了证实。

4. 礼仪规则

问候

　　当孩子离开幼儿园或学校回家时，就像早上他进园或入校时一样，我们要教他问候老师和助教；同样地，当孩子进入商店、接听电话和客人到家时，也要问候他人。

如果孩子认识他要问候的人，那我们就要教他怎样用名字来问候："你好，卡罗叔叔，你好吗？"这一个小小的关注，也总是会让人开心不已。

问候时也必须遵循等级区分。应该首先问候年龄最大的人；应该先问候女人，再问候男人；年龄和性别相同时，应该先问候那些有身份的人——医生、老师……在很多情况下，孩子只需向所有宾客甜甜地笑一笑就可以当作是问候了。

亲吻

"好孩子，亲一下姨妈……"对于许多孩子来说，亲吻一个尚未建立亲密关系的人就是一种折磨。因此，亲吻是不能强迫的。同时，也必须避免冒犯亲戚。如果姨妈或爷爷有点老派的话，为了避免费力的拉扯，可以让孩子玩"吻手的游戏"：当然，做个样子就可以了。

这样，既满足了大人的期望，又尊重了孩子的内心感受。

握手

对孩子来说，在问候时学会注视客人也是很重要的。如果孩子年龄已经够大了，那就要学会伸出手来跟客人握手。可以这样说，在我们还没有开口说话前，我们握手的方式就已经把我们的性格特征传达出来了。因此，我们要教孩子避免两个极端："湿滑软弱的"手和"捏碎石头的"手。

"湿滑软弱的"手，再加上看向别处的眼睛，就会释放出一个明确的信息："我对你不感兴趣，我不想和你有什么瓜葛。"虽然事实并非总是如此，但要抹去小孩子和大孩子给出的这样的第一印象还是需要一些时间的。

另一个极端是"捏碎石头的"手。孩子紧紧握住客人的手，都把客人捏疼了，甚至孩子乐于传递这样一个明确的信息："我会捏碎那些想要妨碍我的人，我要让他们觉得自己软弱无力。"

"湿滑软弱的"手的一种变化形式是"口香糖"手：一旦握住了，就再也分不开了。这种情况经常在小女孩中出现：渴望呵护的小女孩，伸出她的手后，就会把手留在那里接受爱抚，绝不会想要把它抽回来。

正如莉娜·索提斯（Lina Sotis）在《优雅》一书中写的那样："自信的人的握手是短暂的、坦率的，毫不犹豫，绝无柔弱。最佳的握手方式是用自然干燥的手来握。"

> **"他有点害羞……"**
>
> 当我们把孩子介绍给同事、老师和保姆时，孩子并未回馈他们的微笑，我们不得不用上面这句话来解释孩子这么做的原因。

我们原以为警告应该有助于唤起更多的理解，但实际上它只会让孩子被限定在一个角色中，使他更难以摆脱已有的标签，更难展示其未开发的能力。

因此，重要的是不要将孩子划归某个类别，必要时还应否定所谓的证据。当别人告诉我们"他很害羞"时，我们要感到惊讶并反驳说："害羞？不，他只是需要一点时间适应。"

外套和雨伞

我们可以交给孩子一项任务，让他帮助那些带着外套和雨伞来家做客的人。这样做，除了让他感到自豪外，也是他通过明确的角色定位与大人建立关系的一种方式。

客人在脱下和穿上外套时都应该得到帮助。孩子应该抓住大衣的衣领，如果有必要的话，还可以帮助客人找到手臂伸入的袖子。

开门和关门

"不要在客人刚跨过门槛时关上家门。要等他能上了电梯或下了楼梯。"莉娜·索提斯（Lina Sotis）在《优雅》一书中写道。

在男女平等的时代，有人可能认为教孩子为女士开门并让她们先行有些过时了。事实上，仍有许多人期待给予这样的关心。

（1）家门。为了避免太过于注重礼节，我们要向孩子解释一下这个技巧：如果门是关着的，那么就走在他人的前面，打开门，然后待在门的左边，让他人通过。如果门是打开的，那就待在一边，让他人先行。

对于旋转门，如果门是静止的，那就自己先进入；反之，让他人先入。

（2）车门。打开车门的人向后退，让必须进入的人先入；关闭车门时，要注意不要夹住衣服、包或雨伞。这些操作都是相当复杂的，只有年满 6~7 岁的孩子才能做到。

注意和好奇

残疾人、同性恋者或者出身不同的人一定会引起孩子的注意，进而成为孩子好奇的对象。为了表示自己的惊讶，孩子会盯着他们看，用手指着他们，并大声地问一些令人尴尬的问题。

如果可能的话，最好先提前向孩子解释一下这样的情形，激发孩子已体验过的情感："今天我要办个聚会，参加的人有：朱利奥，他在工作中发生意外失去了一只手臂；李，他是日本人，他有一双杏仁状的眼睛。你最好不要盯着他们看，因为这样会让他们觉得尴尬。就像你害怕你的同伴在你摔倒时取笑你，或者你到了一个没人认识你的地方……如果这时大家什么都没对你说，你会感到很高兴的。"

孩子一定要学的礼仪课

女士游戏

当电子游戏尚未发明时，孩子们经常玩的游戏是"女士游戏"。在"女士游戏"中，孩子们要模仿妈妈们在"装潢考究"的客厅里相遇并一起喝茶时所使用的礼仪用语。

恢复这个老游戏，让我们有机会审视原有的礼仪规则是否已经被时代同化。

这个游戏需要一定数量的参与者。为了游戏能成功进行，在今天这样一个独生子女的时代里，有必要让亲戚和朋友的孩子参与进来。

大家先确定要达成的目标，然后再完整地尝试几次，一旦认为孩子们已经准备就绪，已经学会了接待的所有细微之处，就邀请孩子们到家里来吃个午餐或者点心，以此开展游戏。在游戏进行过程中，孩子们要施展自己所有的才能。每个孩子都扮演一个角色：奶奶、前来家访的老师、小女儿、大儿子……

大家先做自我介绍，然后就着茶点饮茶，最后上演告别戏码……总之，在新改版的"女士游戏"中，还有一位大人来主持游戏，他担任"优雅裁判"，负责判定得分，最后由他依据得分宣布谁是"优雅女王"或者"优雅国王"，不允许上诉。

为了让所有输家振作起来，还会给他们全部颁发安慰奖。

第五章

态度和语气

我们不只是用嘴交流，而且会用整个身体交流。不理睬正在跟我们交谈的人是拒绝对话的最强烈方式之一。还有其他一些不太明确的方式也可以中断交流。通常，身体摆出的姿势和声音使用的方式比说的话要重要得多。

　　威尼斯大学大众传播理论与技巧的老师保罗·巴伯尼（Paolo Balboni）解释道："人们认为只要会一门用于交流的语言就足够了，而没有意识到就算会了语言人们也经常犯很严重的错误。不仅说的话很重要，面部表情、手移动的方式和身体靠近的方式也很重要。手势是非常重要的，因为眼睛传递给大脑83％的信息，而语言只传递11％。"

　　通过复杂的面部表情表达情绪、感觉、意见和想法，这种做法在欧洲地中海地区、在俄罗斯和美国的一些地区是"极其正常的"，以致往往会在说起某人时说"他做了个鬼脸……"。

在北欧国家，这些表达是受控制的，而在东方，它们甚至是不受欢迎的，以致孩子从小就被要求要有城府，要在情感上有所保留。在某些文化中，例如土耳其文化，尤其对于必须不动声色的女性来说，需要控制感情。

那么，对于我们西欧人来说，通过面部表情透露我们的想法是极其正常的，因为我们相信这代表着真挚。而在其他民族不一定如此。例如日本，僵硬的面部表情是一种真正的社会需要。对日本人来说，不仅不能让人解读面部表情释放的信号，而且要隐藏动机。

情绪游戏

有多少次孩子的态度比他们的话语更伤害或激怒我们？

通常，孩子还不知道他的身体语言能有多么大的表现力。我们应该把孩子搁在一边让他冷静一会儿，并让他意识到他的身体语言、他的手势、他的目光可以伤人，也可以动人。

一些实验幼儿园推荐的一项游戏叫"情绪游戏"。这项游戏可以帮助孩子给自己的情绪命名，帮助他了解自己的态度。

游戏必须在镜子前面进行。我们可以让孩子描述我们身体姿势表达的情绪；或者相反，确切说明一种情绪要求孩子用身体表达。

- 头部：向前倾斜（敌意）；偏向右侧（邀请）；偏向左侧（惊讶、不相信）……

- 眼睛：半闭（敌意）；睁大（惊讶）；向右转或向左转（邀请或怀疑）；向上转（希望，渴望）；从下往上看（敌意）……

- 嘴巴：嘴唇紧绷（敌意）；嘴巴两边都朝下（悲伤）；嘴巴两边都朝上（快乐）；嘴巴一边朝上（不相信）……

- 肩膀：下垂（沮丧）；向后压（挑衅）；左肩抬起和头向左弯曲（顺从）；右肩抬起和头向右弯曲（挑衅）……

- 双手：双手是非常富有表现力的，以致可以在对话中全程不说一句话。

我们开始说话，要求孩子做出回应；或者我们说出一个句子，让孩子将其翻译成手势和表情，例如："我很饿，你能给我一些吃的、喝的吗？"

1. 语调像音乐一样好听

如果我们碰巧要用外语听一段对话，只通过语调，我们就能理解传递的信息。然而，孩子并不总是具备明白每种情况和不同对话者所需语调的经验或直觉。我们可以通过与他一起玩游戏来教他怎么做：我们说明要传递的信息内容，孩子选择合适的语调。例如，我们可以建议孩子使用各种想得到的语调随便录一句话，例如："我们去买个冰激凌吧"，然后我们让他再把录音听一下，要求他选择他希望我们使用的语调。以下是一些语调绑定的信息的示例。

语调与信息示例

语调	信息
高而刺耳的	蛮横
沉闷微弱的	不感兴趣
尖而呜咽的	自我为中心
悦耳有力的	好交朋友
高而坚定的	威信

2. 礼仪规则

打断

没有人喜欢被打断。即使打断已经通过下面的礼仪用语提前告知了："对不起，我要打断一下你的话。"或者打断在某种方式的掩饰下发生，例如，当正在说话的人刚说完一句话，或者当说话人还没有将这个概念表达清楚时，提一个与概念相关的问题；或者更糟糕的是，脱离小组继续与他人谈话。

私语

当涉及隐私问题时，有时需要低声说话，如没人会在谈话中间大声问厕所在哪里。但当在一群朋友中间时，窃窃私语也是不礼貌的。

私语通常被认为是一种将他人不公正地排除在自己思绪之外的方式。

礼物

我们要送具有个人特色的、不可替代的礼物。手写信或手绘画远比圣诞蛋糕或玩具更让人感兴趣：它们代表的是为我们所爱的人制作独一无二的东西时所付出的辛苦与努力。

"过多的礼物会让礼物失去其本身的价值，从某种意义上说，也会让送礼者失去价值。然而，那些因为懒惰、贪婪、健忘或冷漠而从不送礼的人，也是有错的。"莉娜·索提斯（Lina Sotis）写道。

第六章

谈话和聊天

语言使人们建立了深度联系，同样语言也使人们造成了无法弥补的裂痕。因此，我们应该怀着敬意去使用它，要用它建立关系而不是造成分歧。

"我认为在家的父母有权期望他们的孩子在合理的范围内行事，因为他们认为这是正确的，这样的期望也适用于孩子的语言。"伟大的美国儿科专家本杰明·斯波克（Benjamin Spock, 1903–1998）这样写道。

但什么是"合理的范围"呢？

1. 伤人的话

我们以"casino（古代有'妓院'的意思，口语中意为'喧闹，混乱'）"这个词为例。在妓院关闭半个多世纪之后，"casino"

就只有"混乱"的意思了，或者可以简单地理解为"非常"的意思："你喜欢这个派对吗？"我们问孩子。"非常！"他回答道。孩子和我们都不会认为它是一个粗俗的词。

语言学家将脏话分为三类：

（1）语义弱的脏话：像"casino（混乱）"或"sfigato（失败者）"这样的话，其大部分侮辱性的含义已经失去了，所以家人和朋友都可以容忍。

（2）刻薄的脏话：指那些涉及身体所谓的"不高尚部分"的话，例如"culo（屁股）"或"tette（乳房）"。这样的话在家人或亲密的朋友间说说倒是可以容忍的，但在与陌生人交谈时是不允许的。通常，它们粗俗的程度更深还是更浅主要取决于语调和语境。根据情况，说下面这样的话也是可以容忍的："真是一个（屎）一样的晚上。"然而下面这样的表达最好不要用："你就是一坨（屎）。"

（3）语义强的脏话：这样的脏话特别伤人，如"你明白个（屁）""卧槽"。但是，像"ciccione（胖子）"或"mongoloide（先天白痴）"这样的话由于它们的侵略性和粗俗性，也决不应该被接受。

2. 如何抵制孩子说脏话？

随着孩子不断长大，他的词汇里充满了各种形式的粗言秽语，这些词汇是他从电视、电子游戏和电影以及亲朋好友那里学来的。

我们必须告诉孩子：等他长到可以观看有那些语言的电影和节目时，也必须知道在哪些情况下要避免使用它。

对于孩子说脏话，根据具体情况，我们的反应应有所差异。

（1）如果在生气那一瞬间爆粗口。脏话可以比作短路，它会中断沟通并释放紧张气氛。我们的孩子从玩伴、兄弟，也从我们这里学到脏话，例如，我们开车时，如果有人挡了我们的路，我们就会用一通脏话来释放我们的愤怒，而坐在后座上的孩子会听并记下它。几天之后，孩子就会把它说出来。

这时，我们要把孩子带到一边，然后帮他回忆几天前发生的事；我们要因为使用了脏话表示遗憾，并且我们要跟孩子一起承诺不再使用它。从那一刻起，如果孩子忍不住要说脏话时，只需看他一眼就足以提醒他我们共同的承诺。

（2）如果脏话具有挑衅性。孩子在幼儿园或从他哥哥或学校朋友那里听说过这样的脏话。通常他连这些脏话是什么意思都不知道，他用它们就是为了看看会产生什么反应，为了挑衅他人，为了当"硬汉"。

这时，我们要把孩子带到一边，绝对不要当着别人的面，尊重地让他跟我们解释一下他究竟要说什么，同时教他正确表述同样意思的方式。

3. 为何得到粗鲁的回答？

如果我们反思我们从孩子那里得到的粗鲁的回答，我们会发现

它们是对以下某种态度的反应。

问审性的问题

"好吧，今天怎么样呀？"

表面上，这句话没什么特别的。然而，沟通专家认为，这句话具有审问性。那人们自然会问：什么样的问题不具有审问性呢？实际上，"inquisire（查问）"并不是一个讨人喜欢的词。正如词典解释的那样，它的意思是："为了证明或排除责任或过错而进行调查……对他人的事情进行详细而恶意的调查。"换句话说，它意味着"当警察"。

我们没有问孩子他感觉怎么样，他做了什么，他感到开心还是无聊。我们关心的是他是否表现"良好"：是否眼睛有淤青，是否成绩考差了，是否被老师训斥了。那么下面的情况也就没法避免了：孩子嘟嘟囔囔地回答，把自己关在房间里，再出现也只是为了狼吞虎咽地吃饭。

以"为什么？""谁？""什么？""到底为什么？"开始的问题，会被视作审问性的问题。这样的问题会让人有被调查、受控制的感觉，不利于对话，不带来信任。孩子会把自己置于防守状态，会把自己封闭起来，生怕自己回答后引出更多的问题和审问。因此，为了保护自己，孩子会一两个字来回答，会说半真半假的话，甚至会编造谎话。

如果我们用阳光般的话语来欢迎他："看到你真高兴！你好

吗？"孩子的反应会有所不同。孩子会感受到不带任何条件的欢迎，如果孩子有什么问题，他会自己说出来的。

发号施令

"把书包拿到你的房间去！"

"把那该死的立体声音响的声音调低点！"

"把你的盘子从桌子上拿下来！"

这样对孩子发号施令，也难怪他会哼哼唧唧、发牢骚或拒绝做要求他做的事情。

然而，我们好好反思一下，我们会发现对大人发号施令时我们会采用更礼貌的方式："你可以拿……""如果……我会很感激你""……你真的很好心"。

发布警告和威胁

"如果你不整理房间，就不准去参加你朋友的聚会！"

"把垃圾倒了，不然今晚不准吃饭！"

尽管大多数情况下不会真正去实施威胁，但也会导致孩子不配合。孩子之所以会按我们要求的做，只是因为他觉得目前我们更强势，也就是俗话说的"我们手中握着王牌"。但这是我们想要在孩子脑海中唤起的形象吗？

讲大道理

我们絮絮叨叨地说着一件又一件平淡无奇的琐事："生活不是野餐……""耐心是强者的美德……""想想那些什么都没有的人……"。所有这些话与孩子当时面临的问题没有任何关系，也没有提供任何解决问题的建议。这些话只会激怒他。

给出解决方法

"我告诉你要做什么……"我们代替孩子，并给他解决方法，这样做让他觉得自己无能。就算"浪费"整个晚上，教会他如何自己解决问题也是值得的。

随着孩子慢慢长大，当我们将我们的解决方法强加给他时，他会越来越不满，特别是当这些方法与他们的情感有关时。

问浮夸的问题

"你以为你是谁呀？"

"你不明白呀？"

后面这个问题可能是最令人恼火的问题。"不，我不明白！如果我明白的话，我就会去做。鉴于我没做，所以我是个白痴。"这就是孩子听到这种问题时，脑海中如焰火般闪现的一个又一个反应。

贴标签

"你还是那样……"

"我早就知道……"

"我本来就不保证……"

被概念限定、被角色捆绑的孩子，无论好坏，都觉得自己没有出路。

美国心理学家罗伯特·罗森塔尔（Robert Rosenthal）1972 年进行了一项心理学史上很有名的实验。实验中，他告诉一所小学的老师，学生们将接受智力测验，看看哪些学生是最有天赋的。事实上，心理学家没有进行任何测试，只是交给老师两份随机抽取的名单：一份作为智力超常孩子的名单，另一份作为智力较低孩子的名单。在年底，所有标记为"智力超常"的学生都取得了高于平均水平的成绩，老师宣称他们确信他们特别聪明。

把问题最小化

"你想要的是什么？"

"什么都不是嘛。"

"这根本都不是问题？"

我们像推土机一样进入了孩子的心里，替他消除了一切困难。然而，这时孩子会有问题，因为他希望被理解和倾听。而我们这样做，只会让他碰上一道误会的高墙。

说挖苦话

"哟，专家在这儿呢。"

"如果你这么说……"

"Sarcasmo（挖苦话）"这个词源于希腊语词汇 sarkázein，其原意为"撕裂，撕肉"，这就是当有人把我们当作他的挖苦对象时的感受。

尤其是孩子，他们纯真，并信任他人。当他们被人挖苦时，他会感到自己被那些不爱惜他纯真信任的人"撕裂了"。

4. 如何抵制孩子粗鲁的回答?

一般来说，如果我们能避免上面列出的态度，我们就应该不会从孩子那里听到粗鲁的回答。如果孩子感受到我们的尊重，他们也会尊重我们。

受电视节目错误范例的影响，或者受其他同学对待父母方式的影响，孩子可能会态度恶劣地回答我们。

> ### 马蒂诺
>
> 十岁的马蒂诺必须参加他所在城市足球队"少年队"的训练赛。他拿着书包宣布："妈妈，快点，动起来，你必须马上带我去球场，否则我会迟到的！"
>
> "首先，我不是'必须'，而是我'可以'带你。其次，

让人办事得说'请'。"

"噢！妈妈，你真讨厌！你带我去还是不带我去？"

"当然不！既然你这样跟我说话，我就不带你去训练。我很生气。"

"我们对孩子粗鲁回答的反应可能有两种后果：鼓励他的行为，然后让他继续这样做；或者劝阻他，然后让他不要继续做。"奥地利著名心理学家阿尔弗雷德·阿德勒（Alfred Adler, 1870–1937）说。

要消除粗鲁回答的习惯，而不冒无穷无尽争吵的风险，心理学家建议采取以下措施：

（1）描述我们不能容忍的行为。就马蒂诺的情况而言，事实是他用了"你必须"这个词，而不是"你可以"这个词。

（2）谈谈面对孩子表现的感受："我很生气"。

（3）解释由此产生的后果："既然你这样跟我说话……我就不带你去训练"。

（4）实施上面的措施。

（5）离开现场。

最困难的是第四阶段：实施上面的措施。失败的原因无穷无尽，尤其是当孩子必须去参加聚会或体育运动时，因为我们比他更想让他参与其中。

但总的来说，如上例所示，要让此类事件不再发生，只要有一次用力贯彻到底就足够了。

一旦宣布该措施，就离开现场。留下来控制所发生的事情是一种软弱的迹象，这可能会导致决定再次被怀疑。

我们离开时，要传达一个非常明确的信息：话题已结束，不能上诉。

如果此后孩子诚恳地请求原谅，并且我们相信他已经明白我们拒绝他的原因，那就可以考虑暂停该措施了，并清楚地向孩子解释：如果那样的事情继续发生，将不再有任何例外。

如果家人习惯争吵，建议举行家庭会议，并宣布要做出的与各个家庭成员相关的改变：从现在开始，任何粗鲁的回答或任何以不礼貌的方式提出的要求将无法满足。

5. 礼仪规则

电话

"今天，电话汇集了我们这个时代所有最差的特点：焦急、快速、轻率、懒惰、匆忙、焦虑、侵犯、害怕恐惧。"布鲁内拉·伽斯佩瑞尼（Brunella Gasperini）在其作品《礼仪》中写道。

从孩子开始使用电话的那一刻起，教他电话礼仪规则是非常重要的。

· 如何打电话

最重要的一条规则是：孩子在拨号时必须特别注意，如果碰巧拨错了，为了让接电话的人安心，不应该放下听筒，而应该请求原谅。电话另一端的人，如果是焦急的老人，可能会受到惊吓，因为他认为电话是由一个想调查主人什么时候在家的小偷打过来的，或者认为自己没有及时接到电话耽误了重大事情。如果是由不认识你的家人或室友接的电话，那你得做自我介绍："我是米凯莱，我想和安德烈说话。"

打电话时，不要嘎嘣嘎嘣地吃薯片，也不要咬住三明治或用吸管吹得饮料咕噜咕噜作响，即使电话另一端是你认识的人。

如果是应答机接的电话，不用中断通信，而要等待录制信息播放完毕，然后留下自己的姓名，必要时留下电话号码和通话原因。

在断开通信前，要先告别。

· 如何接听电话

教孩子接听电话比教他如何拨打电话更重要。通常，打电话的人需要传达重要或紧急的信息，如果父母不在家，孩子必须学会记录信息或把电话交给照看他的人接听。

因此，有必要教他以报上家族姓氏的方式来接听："您好，这里是罗西家。"绝不要用下面的问题来接电话："谁呀？""谁在说话？"或者更糟糕的是，以一种介于感叹和质询的语气说："是！？"询问通话原因并将其与电话号码记录下来。重复记录下的电话号码并核对它是否正确是个好习惯。

手机

"手机：一个方便但没有教养的物品。如果你们也使用它，应该没有人注意到这个问题。"这就是莉娜·索提斯（Lina Sotis）在她的作品《优雅》一书中所告诫的。

第一个问题是音调：如果在公共场所或公共汽车上，手机通话音量太高，那么所有人就得被迫知道上次考试的分数，午餐是否准备好了，或者烤肉是否烧焦了。我们要尽力让孩子相信打电话不必抬高嗓门。手机已经装备了一个专门的设备来做到这一点，即使我们只是耳语，电话另一端的人也能听得很清楚。

第二个问题是何时让手机响起。因为孩子整天都随身带着手机，所以很容易忘记在他进入教室时将其关闭。

第三个问题是及时支付账单。与其说这是孩子的问题，倒不如说这是父母的问题。

对讲机

对孩子来说，正确使用对讲机是很难的。因此，如果我们允许他使用，那我们就要耐心地跟他解释怎么用。

首先，孩子得知道不应该用对讲机开玩笑。如果他想同时按下大楼的所有按钮，那我们就要跟他解释说：大楼很多房客都是老人，赶着应答没有下文的对讲机会让他们很不安的。

当房客应答时，只说"是我！"是不够的。通常，对讲机另一端的人无法辨认扩音器改变过的声音。因此，有必要说出自己的名字。

短信

"短信是一种具有压迫感的通信方式。虽然具有压迫感，但却很简短。"莉娜·索提斯（Lina Sotis）在她的作品《优雅》一书中说道。

短信能带来惊喜、快乐、期望、无聊或者愤怒。短信能提供友谊破裂后重新建立联系的方式，或者让别人在特别幸福或艰难的时候感受到自己的存在。但是，我们不应该滥用短信。

（1）收我们短信的人必须是本人把他手机号给我们的人，因此我们不能通过曲折的方式获取他人的手机号。

（2）不要让人烦恼，每天向同一个人发送的短信不要超过2~3条。

（3）必须要记住，短信即 "简短"的意思。太啰唆的短信会占用所有内存，这样就不能再接收他人的短信了。

（4）来短信时通常都有提示声。如果想给某人发短信，那我们就不要在他开会或看电影的时候发给他，以免打扰到他。

（5）有些消息是必须当面告诉的，例如，爸爸可能不会喜欢孩子发一条短信告诉他自己在班上被老师训斥了。

信

一封信的价值胜过十个电话或二十封电子邮件，因为信可以保存下来，你可以在数年后重读它，可以再次感受到我们第一次收到它时的心情。

在被电子邮件取代之后，如今信都像大熊猫一样：濒临灭绝。但也许这就是它魅力增加的原因吧。信是个人的，不公开的。在信箱里从账单和垃圾广告中翻出一封信，会让人内心一阵激动：因为某人花了时间买信纸、写信、贴邮票，也许还洒了香水，然后再将它寄出来！把信放在书桌上，看着它，时不时地再读一遍。多年以后，当我们在某本书的书页间找到它时，我们内心的激动会再次出现。

对孩子来说，自己制作信纸是一种乐趣；对于收信人来说，收到具有个人特色的信是一种快乐。孩子可以用闪闪发光的颜色在信纸和信封上画出图案来进行装饰。

信可以帮助我们表达我们难以大声言明的情感：歉意、激动、请求、说明和哀悼。所有那些让电话，甚至电子邮件可能变得不得体或庸俗的内容，都可以借助信来诉说。

在信封上写地址时应特别注意。这是收信时首先要看的东西。写地址时应避免更正、删除和污损；如果犯了错，那就换个信封。在信封上还要清楚地写下寄信人的姓名、完整地址和邮编。

惊喜信

惊喜信是绝对需要冷静的：不是圣诞节，没有人过生日，我们没有收到任何礼物，我们也没有什么要求的，只是因为喜欢某个人的非理性冲动，我们决定写一封信。

不出于任何理由，也不出于任何利益，完全出于好感引起的冲动写下的惊喜信，才是最应受赞赏的。我们要建议我们的孩子时不时地写一封这样的惊喜信。

不要事先承诺。否则，哪来的惊喜呢？

第七章

午餐、晚餐和间食

我很喜欢有人来家里做客，这时会有很多好东西，并且大家都夸我"很聪明"。

（菲利波，4 岁）

小时候，我总是梦到自己在咬桃子。我母亲不允许我那么做。"那是个粗鲁的行为！"她对我说。"但我喜欢！"我心想。

（维琴佐，52 岁）

只有你从小学习，良好的举止才能成为一种本能的行为方式。一种肢体语言，它可以传达用话语无法表达的信息。

"供应和接受食物是对社交礼仪与能力的考验。"帕多瓦大学心理学副教授瓦伦蒂娜·德乌索（Valentina D'Urso）在她的著作《良好的举止》中说道，"如果没有以适当的方式供应和接受食物，供

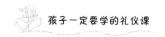

应方和接受方都有可能丢面子，因此尊重食物数量、质量和供应方式的管理规则是非常重要的。"

1. 餐桌上的乐趣

教孩子复杂的用餐艺术永远不会太早。但是，不要把这门艺术当作专横的"酷刑"清单强加给孩子，我们要告诉孩子它是为大人世界所接纳的必不可少的条件。

如果孩子还很小，我们要纠正他的姿势或拿餐具的方式，而不要批评他，以免打断大人的谈话，以及让他难堪。

用餐结束时，如果孩子成功地遵守了各项规则，我们不要吝啬我们的表扬和赞美。

如果我们被迫干预孩子扑到桌子上拿黄油，我们也尽量不要数落并羞辱他，我们只要让他记住下面的规则："如果你需要黄油，请让坐在桌子另一边的人把它递给你就行了。"

布置餐桌

通常年幼的孩子喜欢布置。如果我们要满足他的愿望，冒着打碎几个盘子和杯子的风险，我们为他提供学习"左右""上下""次序""前后"等几个空间位置概念的机会。虽然这些概念对我们来说毫无难度，但对他来说就是胜利的果实。

· 餐盘的摆放要使得或有的装饰物对于用餐者来说都在正确的位置上。

• 餐叉摆在左边，叉齿朝上；餐刀摆在右边，刀刃朝向盘子；汤匙摆在餐刀旁边，匙心朝上。甜点或水果餐具应水平放置在餐盘上方；点心叉叉把朝左，点心刀和点心匙的把手朝右。

折叠成三角形或矩形的餐巾应放在餐具旁边。

餐巾

从围嘴过渡到餐巾是小孩进入成人社会的象征。因此，这是一件应通过较为隆重的活动庆祝的事情：为成年的孩子的健康干杯；为他准备一个特别的蛋糕；晚上去饭店用餐。可以利用孩子生日宴的机会，正式向祖父母、亲朋好友宣布孩子成年了。

餐巾放在餐盘的右边，以避免一不小心把坐在我们左边的"倒霉蛋"的餐巾拿走了。在开始用餐前，将餐巾放在膝盖上，根据其大小打开一半或完全打开，用餐时要把餐巾一直放在那里。饮酒前后，用餐巾擦嘴。如果手指油了或蘸上酱汁了，用餐巾清洁。此外，可以用餐巾擦拭嘴唇或下巴，然后再将其放回膝盖上。

不要拿邻座的餐巾。不管以何种原因起身离开餐桌时，不要带走自己的餐巾；相反，应把它留在餐桌上，回来时再拿起来使用。最重要的是，尽管与手帕相似，但不要用餐巾擤鼻涕；如果大量鼻涕流出且无法阻止，应向女主人索要手帕纸。

• 餐巾角可以用来清洁衣服上的小污渍。但是，餐巾角绝对不能伸进耳朵去清洁耳朵里的污垢。

他们说……

关于完美

不要奢求你的孩子突然表现得像个"小勋爵",如果他把手肘挂在桌子上,如果他弄上了一点儿油渍,如果他把面包心搓成了小球,不要用眼睛恶狠狠地瞪着他:只要他不把小球扔到邻座的盘子里,只要他不把他嘴里的所有东西喷在自己身上,只要他不打断大人的谈话。

——布鲁内拉·伽斯佩瑞尼(Brunella Gasperini, 1918-1979),记者兼作家,摘自其作品《礼仪》

很久很久以前……

餐叉在吃西红柿酱拌面时你们有没有发生过这样的事情:一条"造反"的面条挣脱了餐叉落在餐盘上,溅了衬衫一圈红色的污渍?

你们因此责怪那不勒斯国王斐迪南二世,因为是他在1700年左右发明了现代餐叉。事实上,在那之前,意大利面条是用手吃的。平民用两根手指夹起面条,将它举到嘴巴上方半个手掌的地方,然后熟练地让它轻轻地螺旋式落下。斐迪南二世非常喜欢意大利面,但是他经常与重要的客人一同用餐,在这个时候他没法吃意大利面,因为他不能让客人看到如此粗俗的景象。另外，每当法国或英国大使与他一同用餐时，他就不得不放弃他最喜欢的菜。

这时，他就打电话给他的总管杰纳罗·斯帕达奇尼（Gennaro Spadaccini），命令他找到解决他的困境的办法，如若不然，就免了他的职。应该指出的是，当时在宴会期间使用的唯一的餐叉是三齿的，很长并且非常锋利，以便刺穿要切割的肉。斯帕达奇尼发挥自己的聪明才智，凭借非凡的直觉将餐叉的齿增加到了4个，并缩短了它的长度。斐迪南和他的客人学会了如何使用这种贵族工具。但即使在今天，许多人发现用餐叉卷意大利面不可能不把自己弄脏。

20世纪30年代，当意大利面流行到美国时，许多人试图找到其他解决方法：特殊的钳子，能把面条升到嘴巴高度的手动泵，配有电动马达的叉子……但是，这些创新都没有成功。

餐具

餐刀不应放入嘴里。它是用来切那些只用叉子不能弄碎的食物的，因此，只在必需的时候才使用餐刀。

用右手握餐刀，用左手握餐叉；绝不要把餐具从一只手交到另一只手上。餐具，包括汤匙，不应拿起来当作战斗武器。使用餐刀时，食指必须紧贴刀柄，以提供切割时所需的力量。小指绝对不要"优雅地"展开，而是随着其他手指一起动。手臂要一直紧贴腰部。

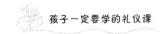

不必每将一小块肉放入口中时就放下餐刀。

根据食物的不同，可以用餐叉齿将一口食物穿成串，或者像汤匙一样用它来收集一口食物。显然，将牛排切成许多小块并将它们一块接一块地放入口中要容易很多。

切肉所需的协调相当复杂，特别是如果肉不是很嫩的时候。只有等到孩子的双手已经足够灵活了，才能正确地完成这项操作。

餐具放在餐盘上的方式会传递出这样的信息：我们是打算继续用餐，还是停止用餐。 如果为了将菜递到邻座能够得着的地方而必须将餐具放下，请将餐刀放在餐盘上，刀刃朝向自己，并将餐叉沿餐刀的对角线放置在餐盘的左侧； 如果想要表明已经吃完了，请将餐叉和餐刀放在时钟指针在 5:20 时的位置，这样可以让那些服务员更容易从残食中取出餐盘。如果餐盘中还剩下很多食物，请将它轻轻地拨到一边。禁止将餐具放在残食上面。

杯子

杯子放在右边。第一个杯子是水杯，它旁边的杯子按照以下顺序摆放：红葡萄酒杯、白葡萄酒杯和甜葡萄酒杯。当然，在每天午餐时，不必如此逐样地摆放餐具。但是，即使进行了简化，这种布置仍然没有改变。

用餐的位置和姿势

宴会时古罗马人躺在沙发上；美国人把不使用餐具的手藏在餐

桌下；我们意大利人背挺直坐好，手肘置于身体两侧，双手位于餐桌上方，可能是为了不侵犯邻座必需的用餐空间。

如果孩子年龄足够大了，双脚应置于地板上，而不是置于餐椅的横梁上。食物应被送入口中而不是刚好相反，更不用说把脸沉到餐盘中去吃食物了。

将手肘置于餐桌上，并用手臂环绕餐盘以保护自己的食物不被抢走，这样的习惯被认为是"不合群的"表现。餐具不应该像铁锹或铲子那样握，而是应把它握在拇指和食指之间，以免手肘伸到邻座下巴的下面。

当不忙于用餐时，或在两道菜的间歇，可以将前臂置于桌子上，而不是手肘。

要在所有人都取了食物，且在一家之主一声令下后才开始用餐，这是一项很好的规则。等待，尽管需要一点点控制力，也是开启轻松愉快用餐的好姿态。为同席者提供休息的时间，并通知其他人同席者已经到了。因此，这样用餐仪式就有了社会意义。

不喜欢的食物

我们每个人都可能不喜欢、受不了某些食物，或对某些食物过敏。这是合情合理的，也是无法避免的，但应教导孩子尊重食物，避免使用以下表述："它很让人恶心！""我讨厌它！""太臭了！"

可以立一个规矩：在品尝餐桌上的所有食物之后，如果孩子全都不喜欢，才可以上其他的菜肴。每个人都有权拒绝吃某些类别的食物。通常，因为对某种特定食物或成分可能真的不能容忍，所以出现这种反感是合理的。

为了不让孩子害怕他不认识的食物，当我们有时间时，我们可让他参与烹调各式菜肴。

当我们削土豆或切西红柿时，我们可以给孩子讲讲它们的历史，让孩子尝尝酱汁，闻闻水果的香气，我们要跟他说一说把洋葱炸成金黄色而不炸焦的小秘诀。孩子在感受到自己参与了做菜，知道如何做菜，已经品尝过自己参与做的那道菜后，当那道菜端上餐桌时，孩子将更愿意接受他自己也有所贡献的菜肴。

"难对付的"食物

（1）芦笋。用手轻轻地把芦笋拿起来，然后用牙齿咬。绝不能使用餐刀。

（2）柿子。用一只手握住柿子，然后用汤匙吃。

（3）洋蓟、芹菜和茴香。蘸着用油、盐和胡椒粉做的调料生吃。吃的时候，用手把叶子或茎逐一扯开。用餐刀切开洋蓟芯，然后用餐叉吃。

（4）樱桃。将樱桃整个放入口中，吃完后将核轻轻地吐在手中，最后把核放在盘子上。

（5）清炖肉汤。如果是用杯子上的，在确认不是特别烫之后再小口小口地喝。

（6）奶酪。用餐刀切一块奶酪，放在面包上，然后再把面包放入口中。不要使用餐叉。

（7）煎鸡蛋和蛋糕。只使用餐叉。

（8）海鲜。一只手拿着餐叉，一只手拿着壳，然后进行分离。

（9）橄榄。用餐叉挑出核，然后再把核放在餐盘边上。

（10）面包。在餐盘上撕面包，以避免面包屑落在桌布上。

（11）鱼。用适当的餐具吃鱼，不然的话就用餐叉，不要用餐刀。如果口中有鱼刺，要用叉齿谨慎地把它弄出来，然后把它放在餐盘边上。

（12）用面包蘸餐盘中的汤汁。如果决定这样做，那就用手拿着面包蘸，不要用餐叉。

他们说……

关于时代与文化

1483年：背与肉

古人几乎是佝偻着身体用餐，肚子都折叠起来了。然而，生活在今天这个时代的我们，认为以下面的方式用餐更尊重他人：用餐时保持背部挺直，不要过度低头或低胸。用三根手指取肉。

——让·苏尔皮斯（Jean Sulpice），法国人，摘自其15世纪时写给朋友的一封信

1530年：蘸与剪

如果有汤汁，别人拿来蘸肉吃后，孩子也可以。如果别人

蘸了面包，孩子也可以毫无问题地蘸面包吃。如果孩子从餐盘的一端蘸面包吃，就不要转到另一边了，也不要在餐盘中剪面包。

不要在餐盘中蘸大片或大块的肉馅千层饼，不要蘸咬过一次的面包，也不要太频繁地去蘸酱。

——伊拉谟斯·达鹿特丹（Erasmus da Rotterdam, 1469–1536），哲学家，摘自《孩子的文明教育》

1672年："农民习惯"

从前，允许用自己的面包蘸汁吃，只要面包还没咬过就可以了；现如今这样的做法被看作是"农民习惯"。

——安东内·克廷（Antoine de Courtin, 1662–1685），作家，摘自《新文明条约》

1825年：幸福

我们邀请他人用餐就意味着，在他离开我们家之前，他的幸福由我们来负责。

——让·昂德梅·布瑞拉–撒瓦亨（Jean Anthelme Brillat-Savarin, 1755–1826），法国美食家，摘自《味道的哲学》

1987年：刀与剑

在许多中国人看来，西方人用刀吃饭的方式是"不文明的"。

他们说："欧洲人是野蛮人，他们用剑吃饭。"所以，可以这样设想：在中国流行的习俗就是为了告诉世人这样一个事实，即长期以来在这个国家确立行为范式的上层并不是好战分子，而是一群爱好和平的人，甚至可以说是极其爱好和平的：

他们都是有文化的官员。"

——诺伯特·埃利亚斯（Norbert Elias, 1897–1990），历史学家和社会学家

2006 年：奖励

如果邀请客人来家里吃饭，而孩子却不受控制，那么最好的办法就是把他带到他的小房间里轮流陪着他。

随着时间的推移，孩子会慢慢明白：跟大家一起待在客厅才是奖励，而不是待在自己的小房间里。

——保拉·斯卡拉里（Paola Scalari），发育期心理学家

起身离开餐桌

有时会被迫突然离开餐桌，因为感到不舒服，因为必须去洗手间，因为突然想要咳嗽或打喷嚏。在这些情况下，得先说"抱歉"，然后再起身；不必告诉所有用餐者原因，因为这样做并不总是恰当的。回到餐桌后，继续用餐，不用作任何解释。

对于其他同席者来说，不停地来来往往非常让人恼火。同样地，在所有人吃完饭之前，最好不要离开餐桌。有一种例外的情况：如果家庭聚会时，用餐时间无限期延长。在这种情况下，孩子可以请求允许先行离开。

牙签：绝不要使用

"在起身离开餐桌时，像理发师那样将牙签别在耳朵上带走也是不允许的，因为这不是绅士应有的习惯。"1551 年教会大主教在其著作《礼仪》中这样写道。五百多年过去后，《优雅》的作者莉娜·索提斯（Lina Sotis），感到有义务再批判那个"臭名昭著的东西"："使用那种毫无美感的小木棍应该受到谴责，就像用手指挖鼻孔那样。"

2. 十件要做的事

（1）坐下用餐前，要洗手，要把口香糖从嘴中取出来，不要把它粘在餐桌的隔板上，而要把它扔在垃圾篓里，可以的话，在扔之前先用小纸片包起来。

（2）盛有菜肴的餐盘要传给右边的邻座。

（3）开始用餐前，要等所有人都取到食物。最年长的人最先取食物，然后依次是妈妈、爸爸和孩子。如果有客人，他是第一个取食物的人。

（4）面包要分成小块，但是面包棍要在没弄碎前吃掉，除非它非常长。

（5）取食物时，要考虑到留下足够的食物给其他人。

（6）要把食物送入口中，而不是相反。

（7）如果吃进口中的食物烫嘴，那就喝一口水。要让太热的菜冷下来，可以用汤匙翻转它，然后从它的边缘吃，不要用吹的方式来让食物冷却，或者更糟糕的是，嘴巴大张着吹。

（8）所有同席者都应该或多或少同时吃完同一道菜肴。要小口吃，咀嚼要优雅，嘴巴要闭着，不要发出噪声。要避免两个极端：贪多和慢得让人生气。

（9）拿杯子时要抓住杯柄，如果没有杯柄，则用拇指和食指拿杯子。年幼的孩子可以用整只手拿杯子。

（10）用餐结束时，自己餐盘周围的区域应该是干净的，没有污渍、食物残渣、牙签、空袋子以及散落的胡椒、盐和糖。

3. 十件不要做的事

（1）在分食的盘子里挑最好的食物，留下那些丢弃的给别人。

（2）吃一口大到足以改变脸部形状并阻止说话的食物。

（3）将餐刀放入口中。

（4）将餐椅向后推，然后支起两条椅腿让椅子晃动起来。

（5）用手或牙签去剔除牙齿上的食物残渣。

（6）咀嚼时不闭嘴。

（7）将手肘置于餐桌上，转动身体用背对着邻座。

（8）用完餐后将餐盘推向一边。

（9）用手中的餐刀打手势，并指向同席者。

（10)对食物做出负面评价，如"我不喜欢""真让人讨厌！""我讨厌洋蓟"。

第八章

身体礼仪

1. 在日常生活中养成好习惯

"爱自己不是一个自私性建议，而是让自己被爱的最重要的实用性建议。"多纳托·卢奇佛拉（Donato Lucifora）在他的著作《礼仪，今天》中写道。

"出风头或丢面子，外表干净或肮脏，整洁或凌乱，端庄或邋遢，优雅或粗狂，是绝大多数人都非常重视的事情，事实上也是对个人人格的揭示和肯定。就算衣服不能真的造就一个人的身份，但它确实表达了一套价值观和象征意义，这些价值和象征意义会影响穿戴者的人格，并且也会经常改变它。"哲学家雷莫·坎托尼（Remo Cantoni, 1914–1978）在他的随笔《日常生活》中写道。

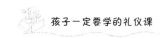

泡澡或冲澡，饭前饭后刷牙、洗手，这些事必须要让孩子在人生的头几年养成习惯。

2. 礼仪规则

咳嗽、流鼻涕、打嗝等

与每三分钟就猛烈打喷嚏、咳嗽、打哈欠或清嗓子的人坐同一张桌子并不是一件特别令人愉快的事。因此，必须以尽量少令他人生厌为目标。可以向年龄较大的孩子解释如何处理这些情况。

• 咳嗽。我们要教孩子总是带一块干净的手帕在身边，以便他可以用来掩住嘴巴，避免四处传播细菌。

• 流鼻涕。如果孩子发现自己正在流鼻涕，是因为他吃了特别辣的东西或者感冒导致他猛烈打喷嚏，他必须用手帕掩住鼻子。如果没有手帕，他可以用餐巾来阻止鼻涕流下来；但是，绝不能用它擤鼻涕。如果鼻涕还是止不住地往下流，他应该表示抱歉并暂时离开。

• 打嗝。食物不会像希望的那样滑下食道并最终进入胃中消化掉。尽管已经努力去这样做了，但肚子还是会出现或多或少有些声响的咕噜声。我们告诉孩子要放松，要用餐巾掩住嘴巴以防止"喷出来"，还要向同席者表示歉意。如果问题仍然存在，要再次抱歉，然后去洗手间解决问题。不管怎样，打嗝并不是世界末日。如果想故意打嗝，不妨让孩子们餐后办一场打嗝比赛，看看谁打的嗝最响。

•打哈欠。打哈欠会明确传递出一个信息：累了、困了，或者更糟糕的是，厌倦，就相当于说"你们让我烦了"。打哈欠时，应至少把一只手放在嘴前。

•无法抑制的瘙痒。我们要表示歉意，然后进入洗手间，希望能以某种方式缓解瘙痒。

口香糖

要求严格的父母不允许嚼任何口香糖。其他父母会更现实一些，只允许孩子一个人的时候嚼，而不允许在公共场合嚼，如学校、教堂或家教课上、餐桌上或家里有客人时。

有人说："良好的行为举止要求声音不被听到。"这条规则对于口香糖倒是特别适用。但问题是：一旦决定扔掉口香糖时，那要怎么处理呢？

不要将口香糖粘在桌子下，不要让它掉在地板上，也不要将它放在杯子里或者藏在盘子下。正确的方法是用一张小纸片将它包起来，然后扔进废纸篓或垃圾篓，但不要将它扔进水里。

一些小禁忌

（1）满口食物说话，大声地喝汤，口中还有食物时喝酒。

（2）双臂交叉放在头后坐着，或者双脚放在餐椅横梁上坐着。

（3）用牙签或手从口中取出食物残渣。

（4）用餐时接手机。为避免别人打电话过来，应该关闭手机。

（5）在室内仍然戴着太阳镜，除非眼睛有问题。

（6）双手放在餐桌下面。然而，在美国，将双手放在餐桌上是不礼貌的。

（7）搔头部或私密部位。

（8）将手指插入鼻子或耳朵里。

（9）当有人与我们交谈时，只盯着自己的手。

 很久很久以前……

关于洗手间

原始人"臭"到让被捕食的动物避而远之。

极其注意卫生的罗马人，因为十分反感被征服民族的难闻气味，所以把公共浴场建得几乎到处都是。

据说埃及艳后克利奥帕特拉，以及后来尼禄皇帝的妻子波佩亚，都非常喜欢泡在驴奶中，因为驴奶的酸度有助于去除皮肤表层的角质。

在东方，人们认为香浴有助于吸引善良的神灵，也有助于获得爱和幸福。

随着基督教的传播，洗澡被认为是亵渎神灵，以致早期的忠实信徒因为坚持不洗澡而感到非常自豪。圣依搦斯13岁时去世，却从未遭过这种"罪"。

在最稀奇古怪的学说的支持下，这种信仰在以后的时代仍在继续。他们认为，只要与水接触，构成人身体的体液就可能丧失平衡。

英国国王亨利八世于 1500 年宣布关闭在其国内开设的所有公共浴场；40 年后，法国步了英国的后尘。1700 年左右，人们仍然坚信洗澡可能导致不孕和堕胎，并且不管怎样都会损害身体的美感。这些说法获得了贵族和当权者的赞同：苏格兰女王在葡萄酒中沐浴（很可能是因为葡萄酒可以通过其温和的杀虫作用杀死寄生虫），英国女王伊丽莎白一世以每月仅在必要的情况下洗一次澡为荣！

相反，比起基督徒来说穆斯林更喜欢水。出于卫生和宗教的原因，即使在今天，他们也认为沐浴洗手是日常仪式中不可或缺的一部分。《一千零一夜》的故事用了很多篇幅不厌其烦地描述玫瑰、紫罗兰和麝香精油，这些精油都是用来为浴缸中的水加香的，且会使人兴奋。

幸运的是，由于随后人们的喜好又回归经典，所以在西方洗澡也合法化了。现如今洗澡除了是享受幸福的时刻外，已经成为卫生及尊重自己和他人的标志。

第九章

电视、电子游戏和互联网

美国心理学会的一份报告称："一些研究清楚表明，观看暴力画面与暴力粗鲁的行为间存在着密切的关联；也就是说，看电视多的人比那些看得少的人更具攻击性。"

如果孩子是暴力电子游戏的老用户，则这种关联会更加明显。美国印第安纳大学的心理学家克莱格·安德森（Craig A. Anderson）和布拉德·布什曼（Brad J. Bushman），在总结他们对 3 033 名儿童和成人所进行的一项研究时表示，"电子游戏与攻击行为之间的关联非常显著"。

如果我们考虑到在动作类电子游戏中，平均每分钟 2.3 人死亡，而在《开枪开枪》（如果玩家能够击败所有对手，玩家获胜）中平均数上升至每分钟 23.8 人，即每 2.5 秒死一人，那么上述结果就是不可避免的。

"在暴力电子游戏中，谋杀的回报比任何行动都要多，"凯·迪尔（K. Dill）和杰·迪尔（J. Dill）在他们的文章《侵略与暴力行为》（1998）中写道，"这样会导致对他人的同情心降低，玩家有可能变成一个暴力的个体。"

　　生气和绝望是没用的。电视、电脑和电子游戏是儿童日常生活的一部分，许多教师开始要求研究基于从互联网获取的信息中提取的数据。

　　电视、电子游戏，尤其是电脑，都可以成为非凡的教育工具，应该由我们来教孩子如何使用、了解和管理它们。如果我们为孩子提供有效的替代方案，例如音乐、体育、舞蹈、阅读、绘画、歌唱、武术……那么他们就有能力使用所有电子通信工具，而不成为它们的依赖者。甚至，孩子会经常使用它们来改善自己在所选择的活动中的表现。

统计数据怎么说？

　　根据2001年年底进行的调查，在一年的时间里，意大利孩子看电视的时间为1 100个小时，相比之下，在学校学习的时间为800个小时。

　　国家电视频道平均每天报道670起凶杀案，8起自杀事件，9起免职，13起勒死案。在儿童电视节目中，平均每小时播放25次暴力行为，相比之下，在"黄金时段"（即晚间节目的第一个时段）的成人节目中播放5次。

每4个孩子中就有3个会根据电视广告的建议挑选点心、衣服和玩具。

电视上每8分48秒播放一次食品广告，主要是那些脂肪和糖含量高的食品。

1. 电视和电子游戏礼仪规则

为了避免将电视变成孩子生活中无法忍受的和侵害性的存在，必须设定一些合理的限制。

应该打开电视，但也应该关闭电视，它们之间的界限并不总是很明显。打开电视并不是"为了看有什么电视节目"，也不是"为了打发时间"，或者因为"我不知道该做什么"，而是要看一个特定的节目。让电视开着，并把它作为一种"音响效果"，这就会自然形成习惯性的分心，以及习惯性的不注意听讲。

孩子看完电视节目后，最好让他说说他都看到了什么。讲述有助于将图像转换为口语。这并不是一件容易的事，因为它需要用连贯的和顺理成章的话语"翻译"所看到和听到的内容。通过讲述，孩子还能感受到观看时体会的内容和讲述时的差异。这是孩子开始反思经历，克服或有恐惧，并形成自己判断的第一步。

专家们一致认为不应将电视放在孩子的卧室里。首先，这样会让孩子"远离"其他家庭成员。其次，如果电视放在孩子房间里，那么他往往会超出约定的最晚时间睡觉，这会让他变得烦躁、满是

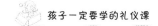

怨言以及不愉快。

如果孩子不满 10 岁，心理学家建议孩子每天看电视或打电子游戏的时间不得超过 2 小时。作为替代活动，他可以把自己的时间花在阅读故事、做运动、听音乐或演奏音乐上。

如果孩子超过 10 岁，经家长与孩子一致同意，确定一定数量孩子可以经常观看的电视节目和玩的电子游戏，将它们列在一张纸上，并要求孩子严格遵守制定的规则。

如果孩子表现不好，在学校没有取得好成绩，对整个家庭良好运行没有任何贡献，那么可以减少或取消他观看电视或玩电子游戏的时间……

应该鼓励孩子使用电脑，因为它已经成为一种必不可少的研究工具。如果用于编程，它将会成为激发创造力的非凡工具。

2. 互联网及"网上礼仪"规则

电子邮件

使用电子邮件通信，自己的邮箱地址可能就变得众所周知了，孩子就有可能会接收到垃圾邮件。

互联网上至少有 2.6 亿个黄色网站。在 1999 年至 2004 年间，黄色网站增加了 180%：每 18 000 个新创网站中就有 100 个，并且它们还在继续增长。

如果你用谷歌搜索"porn（色情）"这个词，就会涌进 8 000

多万个搜索页。

正如教孩子游泳、骑自行车和过马路一样，现如今越来越有必要教他如何管理电子邮箱和没有危险地上网冲浪，因为互联网是恋童癖者最喜欢的狩猎场。

在规定电子邮件通信时间限制后，我们要让他遵守以下规定：

（1）如果发现电子邮件中有他不理解的、让他不安的或者威胁到他的邮件，通知我们。

（2）未经我们许可，绝不要将自己的地址或电话号码提供给网上遇到的人。

（3）如果不认识发送文件的人，绝不要下载文件。

（4）绝不要将自己的照片发给任何未见过本人的人。

（5）如果收到恶意、粗俗或莫名其妙的邮件，通知我们。

（6）不发送粗鲁、恶意或威胁性的邮件。

（7）收到礼物后，不要用电子邮件表示感谢。在这种情况下，必须寄一封手写的感谢信。

（8）不要假装成别人。我们要跟他说，这就是欺骗的一种形式，一旦被发现，就会使那些受害者痛苦。

（9）不要使用信用卡在网上购物，除非已经获得我们的许可。

聊天室

据通信部的估计，意大利每天大约有 50 万 6~10 岁的孩子进入虚拟现实的无限空间"chattare（聊天）"，这是从英语单词"chat"

意化过来的新词，就是"聊天"的意思，但现如今通常用于表示在互联网上语音交谈或通过电子邮件交谈。

这件事情本身并没有错。一直以来，对于大多数人，尤其是孩子，聊天是一件非常乐意做的事情：在广场一角围在一起聊天，站在各自的阳台上聊天，通过电话聊天，现在在互联网上聊天。

网上聊天是使用电脑键盘而不是传统工具进行的一种同步对话。电话是通过说话进行交谈的，而聊天室是通过相互联系的电脑交换即时出现的文字信息来进行交谈的。甚至还可以使用"网络摄像头"，这样对话者就可以互相看见了，但大多数聊天者更喜欢保持匿名。

这样，他们就可以给自己构建一个想象中的人格，一个只有12岁的孩子可以假装自己20岁了。

这就是问题所在。

《消费者心理学杂志》2002年进行的一项调查结果显示，"参加聊天室的孩子比一般的孩子更愿意冒险"。

例如，10岁的乔治就在互联网说道："我喜欢尝试任何事情。"

博洛尼亚大学预防儿科学和新生儿学教授简保罗·萨维奥利（Gian Paolo Salvioli）说："我们不想制造虚假的警报，我们也不想说网络中充斥着成群的随时准备施害的恋童癖者，但是，毫无疑问，越来越熟悉电子工具会导致孩子降低防御能力，从而增加危险行为。"

"网上礼仪"规则

正如写信需要遵循相应的规则，使用互联网进行交流时也必须遵循"netiquette（网络礼仪）"规则：这是一个结合了"net（网络）"，即互联网，和"etichetta（礼仪）"而构成的新词。鉴于现如今98％的通信都是通过互联网进行的，因此了解相应的规则至关重要。

正如我们要求在进入一个关闭的房间前需要请求许可，孩子也一样必须学会不随意发送电子邮件，也不在未被邀请或至少未被广泛接受的情况下混进某个聊天室：因为这可能激起其他聊天者的愤怒。

作为报复，他可能会"被焚烧"，即会被粗俗和威胁性的邮件淹没，并"被踢出"，即被扔出聊天室。

因此，如果孩子想要发送电子邮件或访问聊天室，那我们就必须要求他遵守以下规则：

（1）设定时间限制。在没有特定目的的情况下就开始上网的人都知道，他可能会花上一整个下午徘徊于各个网站，可能深夜时分仍睁大眼睛在追寻通向各处却到不了任何地方的路径。我们要用明确的限制规定聊天室的使用：工作日一小时，周末两小时，晚上聊天时，不要超出规定的上床睡觉时间。

（2）与"控制塔"保持联系。我们应要求孩子告知我们他在网上建立的每一次联系。

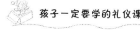

我们要教他向与他聊天的所有人索要姓名、电话号码和互联网地址。

给父母读自己收到的电子邮件。如果孩子收到惹恼他的邮件或照片，我们要他立即通知我们。

（3）不要与陌生人见面。不管基于何种原因，不应该接受与网上认识的人见面，除非收到对方的姓名、家庭住址和电话号码。事实上，通过这种方式，我们可以核对孩子得到的信息的真实性以及新朋友的可靠性。

（4）不要提供个人信息。姓名、电话号码、家庭住址和就读学校等信息，未经我们明确许可不得提供给他人。

（5）从更有经验的上网者那里获取建议。如果孩子未满12岁，那么只有他身边有人陪同时才让他上网聊天，这个人可以是哥哥、保姆、爸爸或妈妈。

（6）仅在受保护的网络中上网。受保护的网络是指那些专门为儿童设计的门户网站（即作为其他服务和网络页面"网关"的网站）。根据预订的过滤器类型，淫秽单词、色情、暴力网站，推崇毒品或推动种族主义的网站会自动被阻止。通过这种方式，孩子只会在适合他年龄的网站上网。

（7）只需支付少量费用，还可以使用"上网监管"服务。如果孩子要求进入一个没有出现在信任网站列表中的站点，那么真实的、非虚拟的运营商将自动评估是否允许访问该网站。

施加规则的秘诀

在给孩子施加规则时，不应该仅限于要求：必须对他每天的所有活动都感兴趣，从学校作业到为赢得教区杯所进行的足球比赛。这样，我们的干预不会看作是因为对他的不信任而实施的干扰和控制。

孩子必须明白，不是由他来做决定；但是，随着他慢慢长大和他以负责任的方式行事，我们可以增加他的自主权。

"当看到孩子不好好管理电子工具时，并不一定是需要顾忌的情况，只因为电子工具在较长的一段时间内就会被淘汰，没有电脑、电子游戏、互联网，甚至电视。"以色列儿童精神病专家斯库拉·布兰科（Schula Blank）说道，"因为考虑到孩子会感到自己没有被爱或被尊重，而害怕对自己的孩子实施监管，这是不对的。我很清楚地记得那位妈妈对我说：'我总是给我的孩子一些限制，是他不遵守它们！'她没有意识到那个为我们的软弱付出代价的人正是那个感到孤单、缺乏可靠引导的孩子。我们来决定我们要给孩子施加限制，简单地说，我们在施加这些限制时不会进行讨论或做出过多解释。我们不要跟自己说我们做不到，我们只应该让自己相信，我们的孩子处于危险之中。当我们看到他玩火时，我们能成功地阻止他吗？当然。那么，我们试着考虑一下，如果为了孩子的心理健康，我们让他做任何他想做的事情，那就等同于让他去玩火。"

第十章

公共场所的礼仪

1. 孩子任性

"Capriccio（任性）"这个词源自"capro（山羊）"，词典就
"capro"给出的解释是"性格奇怪的动物"。事实上，孩子的反应
可能看起来是固执、不讲理的，就像一只停步不肯前进的小山羊。

然而，美国儿科专家托马斯·贝里·布雷泽尔顿（T. Berry
Brazelto）写过许多有关父母与子女关系的文章，正如他所说："任
性的孩子会不停地要求比赛，实际上他需要的是肯定和限制。"

如果他没有得到它们，他会坚持并继续他的挑战，随时期待着
发生点儿什么事情。

布雷泽尔顿继续说："最近的研究证实：许多代人的经历证明，
小时候设立的限制是用来培养孩子的，以使他们长大后能够自己设
定并遵守限制。"

事实上，孩子能从任性中获得有利条件：他不断引起父母的关注，父母在他身上花费的关注远远多于他不抱怨和正常行为时给予的。相反，如果我们假装什么也没发生，不去"奖励"孩子的这种错误行为，那我们就能剥夺他"勒索"我们的工具。

但是，这并不容易做到。我们总是很赶时间，我们得赶着去完成上千件事情，但最重要的是，如果我们当着所有人的面被迫拖着一个贴在我们衣服上并大声喊叫的"小怪物"前行，我们会感到很不光彩。在说了几个没有什么信服力的"不"之后，我们就不得不让步，然后会给他买印有唐老鸭叔叔形象的糖果、带有发光手表的饼干和小船形状的小点心。

专家建议：如果我们知道我们无法抵抗孩子的固执，并且我们知道我们会放弃，那我们从一开始就要避免不必要的"推拉"，我们要马上答应他的要求。

这也是一种用来消除孩子下面这种错误想法的方法：认为要获得某个东西的唯一方法就是大吵大闹。

甚至在商店或饭店里，当孩子任性撒泼时，第一个要采取的措施就是离开商店，让孩子远离事情发生的地方。

2. 公共场所礼仪规则

在超市

对于许多人来说，每周一次的超市购物就是一种折磨。因为他们除了要提购物袋外，还得拖着一个大喊大叫的孩子。孩子之所以会大喊大叫，就是因为他们没有给他买电视上最新推送的、带有足球国家队队员全息图的小点心。

因此，在出发去"冒险"之前，有必要商定并确立以下规则：

（1）不要在购物通道里奔跑。

（2）没有我们的明确要求，不要触摸货架上的商品。

（3）不要坚持要买某个东西。

（4）不要用购物车撞站在我们前面的人。

（5）不要说"妈妈，我要"，而要说"妈妈，我想要……你能买给我吗？"。

· 请求他的帮助

在开车去超市的路上，可以借助一点儿心理学技巧，大声地把"心里想说"的话说出来："我有很多东西要买，谁知道我一个人能不能办得到……"

在大多数情况下，当孩子感觉需要承担责任时，就会自愿成为一名非常棒的帮手。那么，我们可以向孩子表示我们完全信任他，感谢他的帮助，提醒他遵守上面列出的规则。"现在我们一起出去购物。你和我都有很多想买的东西，那我们先来定一下要买的东西：你喜欢谷物饼干，那我们就多储备一些。我们在超市时，你要提醒我给你买谷物饼干。"

· 教他如何购物

购物不一定非得变成争吵和口角。如果我们有时间，它可以变成一种愉快的教育体验：它让我们有机会教育孩子区分成熟的果实和未成熟的果实，选择蔬菜，同时教他观察破损之处、起了褶皱的果皮、干枯的叶柄……

我们还可以给孩子讲糖是如何发明的这个非常有意思的故事。通过给孩子讲解蛋白质如何增强肌肉及维生素如何使皮肤美丽等知识，逐渐给他灌输良好营养的一些基本概念。通过比较表面上看起来一样的两种产品的成分，教孩子如何看懂产品标签。

（1）我们让孩子将我们选择的商品放入购物车。

（2）如果水果和蔬菜区有秤，我们让孩子去称重。

（3）我们要求孩子检查我们是否忘记了什么东西。

（4）付款时，我们让孩子帮忙将购买的商品分装在不同的购物袋中。

（5）我们要让孩子习惯问候并感谢收银员。

在商店

"购物"一词，在德沃托 - 奥利（Devoto-Oli）的意大利语词典中意为"逛商店购买"。因此，购物主要目的不是"购买"，而是"逛商店"，"购买"是偶然的。

一般来说，女性喜欢购物而男性讨厌购物。为了让每个人都感到愉快，必须遵守一些基本规则。

满足所有陪我们购物的人的好奇心是一种可取的做法；所以不仅要满足我们的好奇心，还要满足孩子和他玩伴的好奇心。我们在商店里花了半个小时欣赏精挑细选的春夏时装最新款后，必须至少给孩子 5 分钟去看看梦寐以求的芭比娃娃或玩一玩最新的电子游戏。这是一个非常好的机会，我们可以教孩子如何在商店里举止得体，并培养他对美好事物的鉴赏能力。

在进入商店前，我们要让孩子想一想如何举止得体，并警告他但凡违反规则，就必须离开商店。

（1）不触碰商品的规则要比在超市时更加严厉；除非店主同意，否则就不允许打开包装。

（2）如果必须购买一件衣服，那么在进入商店前要问孩子想要什么款式的，或者他最喜欢什么颜色或面料。

（3）我们要教他不要说"真丑""太让人讨厌了""我不想要"，而要说"我不喜欢这件衣服的这个颜色……""这个样式……""这个面料……""太紧了……""太宽松了……"。

（4）如果有很多人，我们要告诫孩子应该等待。预计可能出现这种情况时，在出门之前我们要让孩子带一本书或一个玩具，以更好地打发等待的时间。

（5）入店和离店时，孩子应该问候并感谢自己受到的照料。

在扶梯和电梯上

· 在扶梯上

我们通过扶梯上下楼时，需要遵守以下规则：

（1）不要坐在台阶上，因为当爬升结束时，可能会被狠狠地扔出去。

（2）为了不妨碍那些着急的人，必须靠右站立，同时留出足够的空间让他人可以提前通过。

（3）如果孩子想要提前通过，只有空间足够时才能这样做，否则他就必须耐心等待。不要请求站在前面的人的许可，以免让人尴尬；也不要从上往下走，以延长通过自动扶梯的时间。

· 在电梯里

在乘坐电梯时，我们需要遵守以下规则：

（1）进入电梯时，除非要在下一层下，否则首要规则就是要把出口留出来，走到靠里的地方，面朝门。

（2）靠近电梯门的人应该负责按下按钮以便他人步出电梯。按电梯按钮，这是很多孩子都喜欢做的一件事情；只能在孩子学会等所有人都进入电梯后再关门时，我们才能让他去按按钮。

（3）如果电梯非常拥挤，可能需要暂时离开电梯以让他人先通过，然后再重新进入电梯。下电梯时，女士先行，接着是老年人。

（4）一般来说，在电梯里不要说话，除非是能让乘坐者发笑的轻松的笑话。目视电梯门，不要盯着别人看。

在饭店

我们要记住，孩子不会长时间坐着不动。因此，我们要去饭店吃饭时，就要选一家户外也设餐桌或有足够活动空间的饭店。

进入饭店前，我们要求孩子记住"像大人一样吃饭"的正确行为举止，并让他放心，因为我们相信他会做得很好。

（1）由爸爸或妈妈——这两位不可上诉的裁判——来决定孩子坐哪里。一旦落座，就不允许再换座位，起身时要先得到许可。

（2）进出房间，要问候服务员；需要什么东西时，要用"劳驾"来说明要求，要求说完后要说"谢谢"。

（3）不要玩餐具、盐瓶、糖罐、牙签或油瓶。

（4）不要盯着邻桌看，也不要用手指其他顾客。

（5）不要将手肘置于餐桌上。

（6）低声说话，不要大喊大叫；不要与兄弟姐妹争吵。

（7）关闭手机。

（8）等所有人都拿到食物之后再用餐，除非已点的某个菜肴需要很长时间烹调。

（9）如果食物未煮熟或餐盘中有异物，不要大喊大叫，但要以适当的方式向父母指出，他们会与服务员商谈。

（10）咀嚼时不要发出声音。

（11）要用餐巾擦拭嘴巴。

（12）就我们而言，一旦决定要点菜单中的什么菜吃，我们就要让孩子自己下单，要让他看着服务员并对其说"劳驾"和"谢谢"。

（13）如果孩子点的食物吃起来很费事儿，例如贻贝，那我们就要向他展示怎么吃。

（14）如果孩子打碎了杯子，或把橄榄油溅到了邻桌，我们不要大声训斥，也不要生气。

（15）如果孩子大吵大闹，我们要把他带离餐厅，陪着他并冷静地重申餐桌上的礼仪规则。只有在他平静下来后，我们再把他带回餐厅，但我们不要再谈刚才的话题。

如果用餐过程中出现下列状况，我们应该如何应对呢？

孩子们开始争吵：我们要低声坚定地要求他们停止争吵，并强制他们改变话题。

孩子因为咬到了舌头或被划了一个口子而放声大哭：我们要让他喝点水，或者我们带着他离开直到他恢复平静。

孩子大发脾气：我们要让他远离餐桌，并把他带出饭店。一旦孩子平静下来，我们再把他带回餐桌，但对刚才发生的事情避而不谈。

孩子们声音过大：我们要提醒他们，如果他们想继续在饭店用餐，那他们就必须降低音量，否则我们就要把他们带到外面待几分钟。

用餐时，孩子不停地起身：我们让他坐在我们旁边，跟他谈谈他感兴趣的话题，并告诉他，只要他吃完了，就可以出去玩。

孩子睡着了：我们把他挪到我们身边，让他枕着我们的大腿睡觉。

在电影院

如果可以的话，最好把还看不懂电影情节的幼儿留在家中。如果带他们去看电影，当他们感到无聊时，就会不停地问问题：

"这是谁呀？他要去哪儿？他为什么这么坏？我不要这样！他太丑了！……"刚开始还是低声细气地问，之后就会变得越来越蛮不讲理，这样就会打扰到陪他们看电影的人，如妈妈、爸爸或姑姑。最后的结果就是：电影看到一半，就不得不起身回家。这样看，把他们留在家里更好。

在进入放映厅前，我们一起决定孩子想要坐的位置。如果我们没有达成一致，那我们就交给运气来决定。

我们要提醒孩子遵守放映厅里的礼貌举止：不剥糖果和嘎吱嘎吱地嚼薯条，不站起来，不说话，不跳到座位上，不用膝盖顶前座的椅背，不评论电影里的场景和事件，或提问要求解释说明。

如果我们确定我们的话是在对牛弹琴的话，那我们就要把那个反叛的小家伙放到最后一排。

在医院

在去医院探望某人之前，我们要让孩子做好探视的准备。我们可以让他画一幅画、写一封祝福信或准备一份小礼物，这样，生病的人就会感到很高兴。

我们要告诫孩子，他面对的人可能在外貌上与他以前经常看到的人不大相同。为了让孩子安心，我们要告诉他这位病人会康复的，会完好如初的。我们要跟孩子明说不让他做出这样的评论："你真是太丑了！"因为听了这样的话，病人会觉得很受伤。

我们要提醒孩子：不要在医院乱跑，不要大声说话；离开病房时，要跟病人的室友告别，并再次祝愿他早日康复。

鉴于孩子的年龄还小，因此探视的时间不应过长。

品味教育："品尝游戏"

所有家庭成员聚集在一起，从祖父到堂兄以及一些朋友，大家都来参加"品尝游戏"。目的是教孩子了解食物并改善他们的口味。

首先，把从超市挑选的不同品牌的食品，如小点心、盒装金枪鱼、即食汤……放在桌上，然后大家轮流进行品尝。

大家轮流就该食品发表意见，包括包装、颜色、质地、香味、味道等，并从 0 到 10 品尝的给分，再根据获得的分数宣布哪个品牌获得胜利。

最后，要比较已尝食物的标签，包括成分、添加剂、增味剂和防腐剂。几乎总是会出现这样的情况：最天然、最健康的食物获胜。进行这样的游戏还有一个额外的好处：下次去超市购物时，孩子将会帮助我们选择最好的食品。

---

3. 乘坐交通工具礼仪规则

乘坐有轨电车

布鲁内拉·伽斯佩瑞尼（Brunella Gasperini）在其作品《礼仪》

中写道："一个有道德的文明人应该追求生活中更美好的事物而不是有轨电车上的座位。"

乘坐有轨电车、公共汽车和地铁，要遵守的规则是相同的：尽量减少给其他乘客带来不便。我们要创建自己的规则，并且每次我们不得不乘坐公共交通工具时都要不厌其烦地给孩子重复我们的规则：

（1）不要像子弹一样穿过、挤过他人去抢占唯一的空座。

（2）小背包、雨伞、包裹或其他任何物品，必须拿在手中，不要碰到他人。

（3）如果朋友在拥挤的车厢的另一端，不要大声叫他或者试图穿过人群去到他那里。

（4）不要好奇地盯着残障人士、外国人或有些古怪的人看，更不要与朋友们窃窃私语评论他们。通常这些人因为自己与其他人不同，已经感到很不自在了，如果他们意识到自己正在被观察，他们会更加不自在。

（5）乘车时，须握住专用的把手，以免刹车时撞到邻近的人。

（6）正如布鲁内拉·伽斯佩瑞尼（Brunella Gasperini）所说，就座并不是生活的唯一目的。如果不用猛推、肩挤和疾跑的方式获得座位，那就没有问题；否则，就得心甘情愿地站着。礼仪要求男士应该给女士让座，年轻人应该给老年人让座，所有人都应该给残障人士和孕妇让座。如果是年龄很小的孩子，也可以优先使用座位，但通常最好抱在怀里。

（7）就座时不要跷二郎腿，要伸直腿或张开腿，不要身体前倾且手肘支在膝盖上，也不要身体向后靠双臂沿着椅背左右展开。

（8）不要把脚放在座位上。

（9）绝不能挡住出口。如果公共交通工具特别拥挤，要尽量远离入口，到站下车时要及时移动到下车门边。

（10）被别人踩肯定不是一件愉快的事情。但是，如果被别人"狠狠地踩了一脚"，不要借题跟人大吵一场，不要撕心裂肺地大喊大叫；尤其，生气是不对的，因为每个人都可能踩到别人或者被别人踩。那些踩别人的人必须极其诚恳地表示歉意，但不要过分夸张。

乘坐小轿车

不管司机是爸爸、妈妈还是哥哥，都有义务不做坏榜样。如果不是为了救心不在焉的路人，就不要鸣喇叭；不要用力关车门；不要威胁、辱骂或咒骂那些有意或无意以某种方式阻碍了行车路线的人。

如果赶上交通堵塞，车子无法往前开，那么用车喇叭去说服他人往前开是没有用的，这样做反而会让大家都神经紧张。然而，我们可以利用这个意想不到的与孩子们共处的机会，给孩子讲讲故事或者让孩子讲点儿什么。畅销书作家詹尼·罗达里（Gianni Rodari，1920–1980）说："每次赶上堵车的时候，我脑子里都会浮现出最美的童话故事。"

如果我们缺乏想象力，那我们可以找一些用于打发时间的游戏，如"到了一艘装满……的船",或者"谁第一个看到以字母 B 开头的物体",或者"谁第一个看到红色的物体"。需要记住的是:再好玩的游戏都不能玩太长时间,因此必须换着花样玩。

对于孩子来说,他必须知道,如果他们想乘坐小轿车,那他们就必须遵循一些行为规则,并且要反复给他说这些规则,直到他将其印于脑中。

(1)始终系好安全带。

(2)不要踢驾驶员座位。

(3)不要将手、头、脚和物体伸出车窗。

(4)不要突然大喊大叫,以免惊扰驾驶员。

(5)不要穿着满是泥的鞋子上车。

(6)不要将脚放在座位上。

(7)不要用手提包、上衣和足球鞋挡住后风窗。

(8)不要张开双腿占据整个空间。

(9)接受已坐的座位,不要讨论轮流坐最喜欢的座位:副驾驶座或靠近车窗的座位。但是,如果晕车,那么就可以要求坐在副驾驶座上。

(10)如果收听广播,不要不停地要求驾驶员:"声音调高一点儿!""声音调低……再低一点儿……还调低一点儿……""我不喜欢这个台,我要听那个……"

(11)推迟争论。根据美国道路安全研究所的统计,5%的道路交通事故是由于驾驶员与车内乘客争论产生的疏忽造成的。如果孩子年龄已经很大了，但他们不停地在车内争吵，这时可以把车靠近人行道停好，并告诉争吵的孩子在争议解决之前不会开车。

（12）当被邀请乘坐朋友的车，进入小轿车时，要用名字问候所有乘车人，从最年长的人开始。

乘坐出租车

乘坐出租车时，要把自己当作客人。从某种意义上说，出租车是出租车司机的家，也是其主要的（如果不是唯一的）收入来源；因此，毫不奇怪，有时出租车司机会非常爱惜自己的车。因此，我们也必须爱惜它，要注意自己在出租车内的行为举止。

在出租车的座位上，不要放脏袋子、沾满泥的鞋和湿答答的雨伞，不要弄碎小点心，或者在座位或地板上压扁成熟的水果。更简单一点儿来说，乘坐出租车时不要吃东西。

（1）必须关车门，但不要用力关门。

（2）出租车司机有权拒绝让狗上车。

（3）如果出租车司机不想聊天，我们就不要不停地问他问题。如果出租车司机非常健谈，而我们想要独自思考，那我们应该礼貌地简要回复。

（4）到达目的地时，在付款之后、下车之前，应该向出租车司机表示感谢。

乘坐火车

"乘坐火车时，为了让孩子能够老老实实的，不以让人难以忍受的方式骚扰其他旅客，父母必须非常耐心，即使平常他们没有那样的耐心。"多纳托·卢奇佛拉（Donato Lucifora）在他的著作《礼仪，今天》中写道。

如果带着孩子坐火车旅行，并且预计旅程很长，那最好带上些书、绘本、电子游戏和玩具，这些东西可以让漫长的旅途变得不那么无聊。如果孩子年龄不大，那带两个布娃娃就可以让他玩得很开心了，可以用它们即兴编故事和短剧。

我们要教孩子们对检票员微笑，并在他验证车票后向他表示感谢。我们应要求孩子尽量不要动来动去，以免打扰其他旅客；尽量避免将脚放在座位上；用餐后要尽量把所有废纸和食物残渣收拾好，并将它们扔进专门的垃圾篓。

"有教养的旅客不需要经常喝东西、吃东西，不需要经常开关、翻找东西，不需要经常嘎吱嘎吱地嚼东西或者反复询问时间，不需要经常在过道里走进走去，不需要经常脱掉鞋子，也不需要经常摆出一副装腔作势的样子，更不需要经常将脚放在座位上，或者左右摇摆地倚着邻座的旅客睡觉。"布鲁内拉·伽斯佩瑞尼（Brunella Gasperini）在其作品《礼仪》写道。

乘坐飞机

鉴于坐飞机旅行并不是每天都会经历的事情，建议事先与孩子就以下规则达成一致意见。

（1）旅行前，不要喝碳酸饮料，不要吃糖果、糕点，因为它们会提高血液中的糖含量，进而让孩子无法安静下来。

（2）然而，为了打发时间，我们要给孩子挑选一本书或一个便于随身携带的玩具。

（3）孩子觉得坐在行李车上被推着走是很好玩的，但从理论上来说，机场明文规定禁止这样做。如果确实想要违反这样的规定，并且不止一个孩子想要搭这个"便车"，可以通过抽签或者"石头剪刀布"来决定谁先上，这样就不会争吵了。

（4）办理登记牌时，要所有人待在一起。

（5）大家都喜欢靠窗的座位。如果只有一个靠窗的座位可供使用，为了避免争论，要像决定怎么坐行李车那样提前做好安排；或者，如果只有两个孩子，一个去程飞时坐靠窗的座位，另一个返程时坐。

（6）我们要跟孩子强调：起飞前和降落时是不允许上厕所的。因此，他们必须在此之前上，同时要记住保持厕所清洁。

（7）如果带年龄较小的孩子一起旅行，我们要尽可能坐在中间的座位上将他与旁边的乘客隔开。

（8）我们要提醒孩子降低说话的音量。如果他缠着另一名乘客无休止地长谈，我们要找个借口中断这没完没了的闲聊。

首字母缩写词——"有礼貌（cortese）"的人

- C – 要礼貌对待检票员和其他乘客。
- O – 要给老人和带小孩的妈妈让座。
- R – 收拾自己的废纸和剩菜剩饭。
- T – 低声打电话和说话。
- E – 手持背包进入，以免撞到其他乘客。
- S – 如果不得不打扰他人，应先请求原谅。
- E – 不要说脏话，大喊大叫，乱喊乱叫。

4. 度假胜地礼仪规则

在沙滩上

寂静、日光、波涛拍击、无边无垠，这些都是"大海"这个词在我们脑海中激起的印象。事实上，去到沙滩上，经常会置身于遮阳伞、人群、嘈杂和垃圾之中。

如果旅游淡季时没有机会经常去沙滩，那我们可以教孩子保持安静：不听广播；不播放 CD 或其他会引起喧闹的装置；若非紧急情况，不用手机打电话。

互相泼水可能会很有趣，但必须征得大家同意，不应让可能会生气的人参与其中。相反，被泼到沙子对任何人来说都不好玩。如果想把毛巾中或衣服里的沙子弄出来，必须去僻静的地方弄，或逆

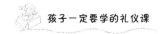

风处理。

应教导孩子不要侵犯旁边人的空间，也不要向他人索要食物。

沙滩上的喷淋装置和小喷泉不是用来洗澡的，而是用来洗身上的沙子和盐的。你洗得越快，那在后面排队的人就会越赞赏你。

在小船上

在小船上，顾名思义，就是大家得人挨着人。因此，有必要尽一切可能将拥堵降到最低。

我们只带必需的衣物：泳衣、浴衣、薄风衣、太阳帽、T恤和牛仔裤，以备上岸时之需。必不可少的船鞋，或者简单一点，网球鞋，也是必需的，否则有可能会损坏甲板。

船上的空间非常小，防晒油弄脏地板后很可能洗不掉，淋浴用的水可能会用光，而且随处丢放的内裤也可能会引发一场骚动……总之，一件很不起眼的小事就足以毁掉一场可能令人难以忘怀的旅行。

我们一次只带一个孩子，并且我们非常确信孩子了解以下行为规则：

（1）在船长之后上船，在获得许可后才下船。

（2）即使不理解船长要求的动机，也会立即服从船长的指挥。

（3）当船在移动时，要保持坐姿，以免妨碍舵手的视线。

（4）不要随处丢放自己的物品。

（5）饮食要大众化，不要挑食。

（6）在进行滑水或其他活动时，耐心等待自己的轮次。

（7）下船时，要告别并表达谢意。

在露营地

"有些露营者误解了'回归大自然'这一概念，认为露营就是允许他们以原始的方式不加斟酌地、无所顾忌地行事。毫无疑问，露营生活是更加自由的，为此就需要更多的相互尊重。"布鲁内拉·伽斯佩瑞尼（Brunella Gasperini）在其作品《礼仪》中写道。

露营是一种应该馈赠给孩子的经历，这样他们才能享受户外生活，才能接触大自然，同时才能学会让自己接受与他人共同生活的必要限制，以免侵犯他人的隐私。

在帐篷或房车的狭窄空间里，必须学会：保持自己的物品整洁；遵守作息时间；帮忙做饭；把垃圾带到专门的处理站；低声说话，以免打扰隔壁帐篷里的"邻居"；晚上倾听大自然赋予的各种沙沙声、咚咚声和潺潺声，以及各种鸟兽的号叫声、吼叫声和喧闹声。

所有露营者都应为保持帐篷及其周围环境的干净整洁贡献自己的力量：早上，叠好被褥，带走垃圾，清洗碗碟，打一瓶水……

因为要 24 小时沉浸在大自然中，所以必须学会尊重大自然：不能折花、拔草或摘果实。生火时，须十分留神，要学会首先检查风向，以免火花吹向高度易燃的材料；不需要用火时，要将其完全熄灭。

在离开露营地之前，每个人都应尽力将所有东西整理好，不留下废纸或其他垃圾。

第十一章

礼遇地球

"就我们星球的健康而言，我们的任何行为都不可能是中立的：我们要么会让情况变得恶化，要么会为减少破坏做出贡献。到底会出现什么样的结果，选择权在我们手上。"美国生物学家、环境保护主义之父巴瑞·科蒙纳（Barry Commoner）写道。

米兰天主教大学学生最近进行的一项研究结果表明，尊重环境已经被置于新道德准则首位。新道德准则指的是在原有的道德准则基础上增加的道德准则。这是一项非常艰巨的任务，正如巴瑞·科蒙纳（Barry Commoner）在其著作《与地球和平共处》中写道："这就意味着要大规模地改组与重设我们用于生产能源和交通工具的主要工业体系。"

那我们要怎样做，才能为这个庞大的项目尽一份绵薄之力呢？

"在给礼仪规则创造者制造麻烦之前就接受生态原则，这几乎会让我们所有人都对立起来。"瓦伦蒂娜·德乌索(Valentina D'Urso)在她的著作《良好的举止》中写道："这需要我们放弃一些舒适的东西，比如塑料袋，或一些习惯，比如把所有东西扔在同一个垃圾桶里。"

但是，如果我们反思一下，任何礼仪规则，从给老年人让行到公共场所降低说话音量，都会导致某些放弃，比如懒惰、自私或轻松的生活。

孩子不会破坏生态系统，因为他们不建核电站，不砍伐亚马逊原始森林，也不捕猎海豹。但他们必须意识到，正如巴瑞·科蒙纳(Barry Commoner)声称的那样，就我们星球的健康而言，他们的任何行为都不可能是中立的：从他们所穿衣服的面料到他们用来照亮书桌的台灯，再到他们洗脸的香皂。我们每个人都有责任；我们每个人的贡献可能看起来微不足道，但数百万人的贡献加起来就可以有所作为。

生态礼仪并不要求做出英雄般的决定。它是由众多小小的"牺牲"构成的，即放弃使用一些消费文明的产品，也就是那些并不是必不可少的，但却有害的产品。我们要让孩子跟我们一起决定，以便他们能在我们不得不忽略我们的责任时提醒我们。

三 "R"规则：尊重、节约、回收

如果我们审视一下我们的习惯，我们就会发现，因为分心、懒惰或无知，我们浪费了我们自身和地球的许多资源。

我们要教孩子三"R"规则：尊重（Rispettare）、节约（Risparmiare）和回收（Riciclare）。

• 尊重

正如当孩子咿呀学语时我们教孩子说"劳驾"和"谢谢"，同样我们也可以教他尊重公共财物和大自然。

我们让他在花瓶中种下一粒种子，教他浇水并每天监测它的生长。我们要把他的这份经历变成一种对他的启迪，以告诉他：地球是一个需要空气、阳光和氧气才能生存的活的生物体。

随着地球的发展，我们要为它负起越来越多的责任。下文中列出的小措施不应该被孩子看成目光短浅的吝啬所强加的节约，而应视作全家尊重公共财产义务的一部分。

• 节约

（1）始终保持水龙头紧闭，并且用水时也不要完全打开，这样孩子就可以节约用水。

（2）洗碗和维护个人卫生时，要尽可能少使用清洁剂、肥皂和洗发水，因为它们会给净水装置带来很大负担。我们要带孩子去看看满是杂草和泡沫的河流或水渠，要给他解释什么是水体富营养化：由于水中污染物的存在，水藻过度繁殖。

（3）如果可以的话，我们要建议孩子选择淋浴而不是泡澡。我们跟他解释，与6分钟淋浴所需的35升水相比，注满浴缸大约需要100升水（人均每日用水量的一半）。

（4）我们要教他减少能源浪费，例如：关闭窗户以免热量流失；避免在没有人的地方让灯一直亮着。

（5）我们要他看见，如果可以的话，我们会尽量使用节能程序来运转满载的洗碗机和洗衣机。

• 回收

（1）我们要让孩子习惯分类收集垃圾，将废纸和易拉罐分开，将空瓶和废电池放入专门的容器中。据计算，清除铝制易拉罐垃圾需要花费 1 000 万欧元；就算只回收 20% 我们扔掉的废纸，也可以节约 200 万到 500 万千瓦时的电力，即可以节约 3 000 到 4 000 亿升水。

（2）我们要教孩子尽可能选用纸袋而不是塑料袋。因此，如果我们和孩子一起去买东西，我们要养成购物后带回并保留纸袋的习惯。

（3）当必须处理废电池和过期药物时，我们要让孩子养成将它们放入专门收纳箱中的习惯。废电池所含的汞会污染数百立方米的水。与人们惯常的看法相反，手表和相机的废电池比传统电池更具污染性。

（4）我们要建议孩子保留礼品的外包装和色带，以便在需要时重复使用。

（5）还应让孩子习惯保存尚未用完的笔记本，以便将其用于打草稿、写便条或备忘录。

（6）我们要让孩子习惯自愿接受哥哥的衣服或鞋子。

（7）我们要教他用洗蔬菜的水给植物浇水。

（8）要让孩子尽可能不使用喷雾罐。

（9）我们要教他不伤害植物和动物，不毁坏鸟巢。

结语

"文明生活至高无上的法则是：即使某人是毫无瑕疵的，也须欣然宽恕他人的错误；因此，不要不喜欢那个举止十分粗鲁的同伴。事实上，有些人用其他品质来弥补习俗上的粗鲁，并且我们所教导的规则也并非是必不可少的，没有这些规则的人也可以成为有教养的人。实际上，在礼貌的行为举止中，有一个总是被严重忽视，即接受他人的礼貌举止。"

伊拉谟斯·达鹿特丹（Erasmus da Rotterdam）在其 1530 年发表于巴黎的论文——《孩子的文明教育》中这样写道。

参考书目

[1] F. Arborio Mella *Galateo classico*, Sansoni, Milano, 1992.

[2] B. Commoner *Far pace col pianeta*, Garzanti, Milano, 1980.

[3] A. Cremonese *Il libro della buona creanza*, Rizzoli, Milano, 1992.

[4] G. della Casa *Galateo*, Einaudi, Torino, 1994.

[5] S. Eberly *365 Manners Kids Should Know*, Three River Press, New York, 2001.

[6] B. Gasperini *Il galateo*, Baldini Castoldi Dalai, Milano, 2004.

[7] N. Laniado *Mio figlio sa stare con gli altri*, Red Edizioni, Milano, 2003.

[8] D. Lucifora, *Il galateo oggi*, De Vecchi Editore, Milano, 1984.

[9] P. Palmano *Yes, please. Thanks*, Thorsons, Londra, 2005.

[10] L. Sotis *Il nuovo bon ton*, Rizzoli, Milano, 2005.